50篇完形选择+50篇完形填空，轻松拿下新题型

# 新高考日语

## 语言运用对策与模拟

### （完形选择+完形填空）

主编 许小明

编者 倪 云 张巧玲 范竹青 刘少琴

因为实用，所以畅销

- 试题分析，理清命题思路
- 解题对策，扫除知识盲区
- 实战训练，掌握解题规律

新题型
NEW

上海交通大学出版社
SHANGHAI JIAO TONG UNIVERSITY PRESS

**内容提要**

本书以高考日语试卷中的第三部分——语言运用为基础编写而成，主要分为三个部分。第一部分为语言运用必备基础知识；第二部分为完形新题型解题策略与九省联考试题分析；第三部分为50套语篇模拟练习，每1套模拟练习包含1篇完形选择和1篇完形填空，共计100篇。本书适合参加日语高考的学生使用。

**图书在版编目 (CIP) 数据**

新高考日语语言运用对策与模拟：完形选择＋完形填空 / 许小明主编 . — 上海：上海交通大学出版社，2024.3

ISBN 978-7-313-30419-3

Ⅰ.①新… Ⅱ.①许… Ⅲ.①日语课–高中–升学参考资料 Ⅳ.① G634.463

中国国家版本馆 CIP 数据核字 (2024) 第 049048 号

**新高考日语语言运用对策与模拟（完形选择＋完形填空）**

XIN GAOKAO RIYU YUYAN YUNYONG DUICE YU MONI (WANXING XUANZE + WANXING TIANKONG)

主　　编：许小明

出版发行：上海交通大学出版社　　　　　　地　　址：上海市番禺路951号

邮政编码：200030　　　　　　　　　　　　电　　话：021-64071208

印　　刷：上海万卷印刷股份有限公司　　　经　　销：全国新华书店

开　　本：787mm×1092mm　1/16　　　　印　　张：12

字　　数：238千字

版　　次：2024年3月第1版　　　　　　　　印　　次：2024年3月第1次印刷

书　　号：ISBN 978-7-313-30419-3

定　　价：49.80元

# 前　言

　　随着 2024 年 1 月份的"九省联考"落下帷幕，万众瞩目的"高考日语新题型"也揭开了神秘的面纱。从试卷来看，本次题型改革的主要内容是：第一部分听力从 15 道题增加至 20 道题，每道题 1.5 分，满分 30 分，与旧题型一致；第二部分阅读理解和旧题型保持不变，依旧是 4 篇语篇，每篇 5 道题，共计 20 道题，满分 50 分；第三部分变为两篇完形语篇，其中第一篇为完形选择，第二篇为完形填空，每篇各 10 道题，每题 1.5 分，满分 30 分；第四部分写作从一篇变为两篇，第一篇为应用文写作，字数要求 80～120 字，第二篇为非应用文，字数要求 280～320 字。第一篇 10 分，第二篇 30 分，共计 40 分。

　　不难看出，本次考试题型改革中变化最大的是词汇和语法的考查形式从原来的单选题调整为在语篇中考查。这要求学生不仅要有扎实的基本功，还要具备灵活变通的思维模式。在改革的大背景中，本书也应运而生。

　　本书主要分为三部分。第一部分为语言运用必备基础知识。第二部分为完形新题型解题策略与九省联考试题分析；第三部分为 50 套语篇模拟练习，每一套练习包含 1 篇完形选择和 1 篇完形填空，共计 100 篇。着重说明，本书所选语篇中的语句表达地道、规范，题材涉猎广泛且与高中生活息息相关。通过本书的讲解与训练，相信考生们可以掌握较为全面的解题技巧，同时养成良好的解题习惯，从而在考试中考出满意成绩！

　　由于时间仓促，编者团队在编写过程中难免有疏漏之处，恳请广大读者批评指正！

许小明

2024 年 1 月

# 目　录

# 第一部分　语言运用必备基础知识

## 一、必备词汇总结

| 名词 | | | | | |
|---|---|---|---|---|---|
| あみ② | 網 | 网 | たて① | 縦 | 纵竖 |
| はたらき⓪ | 働き | 工作；功能 | このみ①③ | 好み | 爱好 |
| ひとくち② | 一口 | 一口；一概而论 | ぜいきん⓪ | 税金 | 税 |
| じごく⓪③ | 地獄 | 地狱 | からだ⓪ | 体 | 身体 |
| そういてん③ | 相違点 | 不同之处 | かんじ⓪ | 漢字 | 汉字 |
| きず⓪ | 傷 | 创伤；瑕疵 | やくわり③⓪ | 役割 | 任务；职务 |
| ちしき① | 知識 | 知识 | くせ② | 癖 | 癖好 |
| みなと⓪ | 港 | 港口 | ものがたり③ | 物語 | 故事 |
| せっく⓪ | 節句 | 节日 | けってん③ | 欠点 | 缺点 |
| かかり① | 係 | 负责人 | しゅうかん⓪ | 習慣 | 习惯 |
| しょくば⓪③ | 職場 | 职场 | もよう⓪ | 模様 | 花纹；情况 |
| きし② | 岸 | 岸 | しょくぎょう② | 職業 | 职业 |
| すな⓪ | 砂 | 沙 | ほお・ほほ① | 頬 | 脸颊 |
| おおあめ③ | 大雨 | 大雨 | まくら① | 枕 | 枕头 |
| しにせ⓪ | 老舗 | 老字号 | いなか⓪ | 田舎 | 乡下；故乡 |
| だいく① | 大工 | 木工 | ひも⓪ | 紐 | 细绳 |
| こくもつ② | 穀物 | 粮食 | あいづち⓪ | 相槌 | 帮腔，随声附和 |
| るす① | 留守 | 看家；不在家 | はんい① | 範囲 | 范围 |
| やなぎ⓪ | 柳 | 柳树 | おとしあな③ | 落とし穴 | 圈套 |
| はしら③⓪ | 柱 | 柱子；支柱 | げじゅん⓪ | 下旬 | 下旬 |
| いどう⓪ | 異同 | 异同 | しゅと①② | 首都 | 首都 |
| ふくろ③ | 袋 | 袋子 | すがた① | 姿 | 姿态 |
| す①⓪ | 巣 | 巢 | おさななじみ④ | 幼馴染 | 青梅竹马 |
| こうい① | 好意 | 好意，善意 | たけ⓪ | 竹 | 竹子 |
| しんこう⓪ | 信仰 | 信仰 | はり① | 針 | 针 |
| くちょう⓪ | 口調 | 语调；腔调 | ほうび⓪ | 褒美 | 奖赏，褒扬 |
| きそく②① | 規則 | 规章 | たば① | 束 | 束 |

| ぐち⓪ | 愚痴 | 抱怨 | たんぼ⓪ | 田んぼ | 稲田 |
| えいよう⓪ | 栄養 | 营养 | こころざし⓪ | 志 | 志向 |
| きょうみ① | 興味 | 兴趣 | せっきょく⓪ | 積極 | 积极 |
| ぎしき① | 儀式 | 仪式 | なわ② | 縄 | 绳索 |
| ぎょうじ①⓪ | 行事 | 仪式活动 | めまい② | 眩暈 | 头晕目眩 |
| いんしょう⓪ | 印象 | 印象 | ほね② | 骨 | 骨头 |
| こころいき⓪④ | 心意気 | 气魄；性情 | たね① | 種 | 种子 |
| むぎ① | 麦 | 麦子 | とち⓪ | 土地 | 土地；当地 |
| かたち⓪ | 形 | 形状 | せみ⓪ | 蝉 | 蝉 |
| うそ① | 嘘 | 谎言 | しなもの⓪ | 品物 | 物品 |
| かみなり③④ | 雷 | 雷 | こんき⓪ | 根気 | 毅力 |
| ひとこと② | 一言 | 三言两语 | じじょう⓪ | 事情 | 原委；情况 |
| ことわざ⓪ | 諺 | 谚语 | そで⓪ | 袖 | 袖子 |
| ことがら⓪④ | 事柄 | 事情；事态 | おい⓪ | 甥 | 侄子，外甥 |
| さいく⓪③ | 細工 | 手工艺品 | まめ② | 豆 | 豆类 |
| しつけ⓪ | 躾 | 教养,管教 | しょくぶつ② | 植物 | 植物 |
| だげき⓪ | 打撃 | 打击 | さつ⓪ | 札 | 纸币 |
| いわ② | 岩 | 岩石 | きょうぎ① | 競技 | 体育比赛 |
| かちかん③② | 価値観 | 价值观 | いご① | 以後 | 今后 |
| いっき① | 一気 | 一口气 | そこ⓪ | 底 | 底 |
| ゆくえふめい④ | 行方不明 | 去向不明 | かんきょう⓪ | 環境 | 环境 |
| おおさわぎ③ | 大騒ぎ | 大混乱,大吵大闹 | めし② | 飯 | 饭；饭碗,生计 |
| ほこり⓪ | 埃 | 尘埃 | ぶっか⓪ | 物価 | 物价 |
| けはい①② | 気配 | 情形,迹象 | たましい① | 魂 | 灵魂 |
| しょうこ⓪ | 証拠 | 证据 | がけ⓪ | 崖 | 悬崖 |
| てつづき② | 手続き | 手续 | しせい⓪ | 姿勢 | 姿态,态度 |
| じっさい⓪ | 実際 | 实际上 | はたけ⓪ | 畑 | 旱田；专业领域 |
| しんじょう⓪ | 信条 | 信条 | すじ① | 筋 | 道理 |
| りく⓪② | 陸 | 大陆 | あな② | 穴 | 窟窿；洞穴；亏空 |

| なし① | 無し | 无 | したしみ⓪④ | 親しみ | 亲密 |
| とどけ③ | 届け | 报告书,申请书 | あいだ⓪ | 間 | 间隔;中间;期间 |
| きせつ②① | 季節 | 季节 | ほこり⓪ | 誇り | 骄傲,自豪 |
| かたみち⓪ | 片道 | 单程 | けんり① | 権利 | 权利 |
| きゅうれき⓪ | 旧暦 | 阴历 | こきょう①／ふるさと② | 故郷 | 故乡 |
| ひょうばん⓪ | 評判 | 评价 | あやまり③⓪ | 誤り | 错误 |
| むらさき② | 紫 | 紫色 | けむり⓪ | 煙 | 烟尘,烟雾 |
| いきおい③ | 勢い | 气势;趋势 | かっこう⓪ | 格好 | 外形;打扮 |
| さいがい⓪ | 災害 | 灾害 | しゅっしん⓪ | 出身 | 籍贯;毕业于 |
| じゅうしょ① | 住所 | 居住地址 | げいじゅつ⓪ | 芸術 | 艺术 |
| こんだて⓪ | 献立 | 菜单 | てら②⓪ | 寺 | 寺庙 |
| しわ⓪ | 皺 | 皱褶 | はじ② | 恥 | 羞耻 |
| あらすじ⓪ | 粗筋 | 梗概 | きげん⓪ | 機嫌 | 心情 |
| ひとがら⓪ | 人柄 | 人品 | いね⓪ | 稲 | 稻子 |
| たっせいかん③ | 達成感 | 成就感 | しゅうえき⓪① | 収益 | 收益 |
| つな② | 綱 | 网 | じょうしき⓪ | 常識 | 常识 |
| さか②① | 坂 | 斜坡 | ひふ① | 皮膚 | 皮肤 |
| かげん⓪① | 加減 | 程度;状态 | あぶら⓪ | 油 | 油 |
| しるし⓪ | 印 | 标记 | ひがえり⓪④ | 日帰り | 当天来回 |
| うわぎ⓪ | 上着 | 上衣 | はた② | 旗 | 旗帜 |
| もの②⓪ | 物 | 物品;作品 | いた① | 板 | 薄板;纯熟 |
| はさみ③② | 鋏 | 剪刀 | あご② | 顎 | 下颚 |
| ひかり③ | 光 | 光 | つごう⓪① | 都合 | 状况 |
| ふた⓪ | 蓋 | 盖子 | きっぷ⓪ | 切符 | 票 |
| じょうぎ① | 定規 | 规尺;标准 | よめ⓪ | 嫁 | 儿媳妇;妻子 |
| わけ① | 訳 | 意思;缘故 | かんせつ⓪ | 間接 | 间接 |
| ひさいち② | 被災地 | 灾区 | しつ⓪② | 質 | 质量 |
| しょうぎょう① | 商業 | 商业 | さいてん⓪ | 祭典 | 祭礼,典礼 |
| へい⓪ | 塀 | 围墙 | きゅうか⓪ | 休暇 | 休假 |

| | | | | | |
|---|---|---|---|---|---|
| くず① | 屑 | 渣滓 | みまい⓪ | 見舞い | 探病 |
| よい⓪② | 酔い | 醉; 晕车, 晕船 | かい① | 貝 | 贝壳 |
| たなばた⓪ | 七夕 | 七夕节 | きぬ① | 絹 | 丝绸 |
| すきま⓪ | 隙間 | 缝隙 | えんぎ⓪ | 縁起 | 凶吉的兆头 |
| かしらもじ④ | 頭文字 | 首字母 | とくちょう⓪ | 特徴 | 特征 |
| こむぎこ⓪③ | 小麦粉 | 面粉 | ちょうじょう③ | 頂上 | 顶峰; 顶点 |
| した② | 舌 | 舌头 | いちにんまえ⓪ | 一人前 | 一人份; 成人; 独当一面 |
| なま① | 生 | 生; 直接 | こおり⓪ | 氷 | 冰 |
| ねんぱい⓪ | 年配 | 中年, 年长 | てぬぐい⓪ | 手拭い | 布手巾 |
| つめ⓪ | 爪 | 爪子 | はだか⓪ | 裸 | 裸; 毫无遮掩 |
| まつ① | 松 | 松树 | さいあく⓪ | 最悪 | 最坏 |
| さいげつ① | 歳月 | 岁月 | はば⓪ | 幅 | 宽度; 灵活性 |
| いと① | 糸 | 线 | じゅんじょ① | 順序 | 顺序 |
| なわとび③④ | 縄跳び | 跳绳 | ふうとう⓪ | 封筒 | 信封 |
| かんじゃ⓪ | 患者 | 患者 | くちびる⓪ | 唇 | 嘴唇 |
| いせき⓪ | 遺跡 | 遗址 | えだ⓪ | 枝 | 树枝 |
| つきひ② | 月日 | 月亮和太阳; 岁月 | ぎせいしゃ② | 犠牲者 | 牺牲者 |
| こな② | 粉 | 粉末 | ふえ⓪ | 笛 | 笛子 |
| つぶ① | 粒 | 颗粒 | きゅうこう⓪ | 急行 | 急往; 快车 |
| へそ⓪ | 臍 | 肚脐 | とこのま⓪ | 床の間 | 壁龛 |
| みちすじ⓪ | 道筋 | 路线; 道理 | どろぼう⓪ | 泥棒 | 小偷 |
| ひづけ⓪ | 日付 | 日期 | しろうと①② | 素人 | 外行 |
| ひょうじゅん⓪ | 標準 | 标准 | さくもつ② | 作物 | 农作物 |
| さいちゅう① | 最中 | 正在……; 最盛时期 | なみだ① | 涙 | 眼泪 |
| こうよう⓪ | 紅葉 | 红叶 | ぞうに⓪ | 雑煮 | 烩年糕 |
| うら② | 裏 | 里面, 背面 | たより① | 便り | 音信 |
| くさ② | 草 | 草 | ふくし⓪② | 福祉 | 福祉 |
| はら② | 腹 | 腹部 | はれ⓪ | 腫れ | 肿 |
| ちらし⓪ | 散らし | 传单 | かご⓪ | 籠 | 笼子; 篮子 |

| じゅくご⓪ | 熟語 | 慣用語 | ぎじゅつ① | 技術 | 技术 |
| いのち① | 命 | 生命 | たてまえ⓪ | 建前 | 场面话 |
| しんちょう⓪ | 身長 | 身高 | まゆ① | 眉 | 眉毛 |
| つち② | 土 | 土 | ふきょう⓪ | 不況 | 不景气 |
| じょうだん③ | 冗談 | 玩笑 | | | |

## 一类动词

| なげく② | 嘆く·歎く | 自他 | 叹息；悲叹 | かたむく③ | 傾く | 自 | 倾斜 |
|---|---|---|---|---|---|---|---|
| ほす① | 干す | 他 | 晾晒 | もよおす③⓪ | 催す | 自他 | 举办 |
| はげます③ | 励ます | 他 | 鼓励 | なぐる② | 殴る | 他 | 殴打 |
| とびたつ③ | 飛び立つ | 自 | 飞上天；高兴得跳起来 | うかがう⓪ | 伺う | 自他 | 拜访；听说 |
| てらす⓪② | 照らす | 他 | 照耀 | あつかう⓪③ | 扱う | 他 | 处理；操纵；经营 |
| かこむ⓪ | 囲む | 他 | 包围 | ぬう① | 縫う | 他 | 缝 |
| もどる② | 戻る | 自 | 恢复；返回 | つたわる⓪ | 伝わる | 自 | 流传 |
| こなす⓪ | | 他 | 弄碎；消化；运用自如 | めぐむ⓪ | 恵む | 他 | 施舍，周济 |
| しはらう③ | 支払う | 他 | 支付 | ことわる③ | 断る | 他 | 拒绝；事先打招呼 |
| かぶる② | 被る | 自他 | 戴 | こおる⓪ | 凍る | 自 | 冻；结冰 |
| のぼる⓪ | 昇る | 自 | 上升；晋级 | ぬぐう⓪② | 拭う | 他 | 擦拭 |
| ほうる⓪ | 放る | 他 | 扔，抛；放任 | もうかる③ | 儲かる | 自 | 赚钱 |
| てつだう③ | 手伝う | 自他 | 帮忙 | しばる② | 縛る | 他 | 捆绑；束缚 |
| こわす② | 壊す | 他 | 弄坏 | けずる⓪ | 削る | 他 | 削，剥 |
| いただく⓪③ | 戴く | 他 | 戴；领受 | はたらく⓪ | 働く | 自他 | 工作；起作用 |
| うけつぐ⓪③ | 受け継ぐ | 他 | 继承 | しゃべる② | 喋る | 自他 | 说 |
| たもつ② | 保つ | 自他 | 维持；保存 | もやす⓪ | 燃やす | 他 | 燃烧；激起 |
| ふくらむ⓪ | 膨らむ | 自 | 鼓起，膨胀 | こぼす② | 零す | 他 | 发牢骚；洒，撒 |
| つつむ② | 包む | 他 | 包裹 | いのる② | 祈る | 他 | 祈祷；祝愿 |

| | | | | | | | |
|---|---|---|---|---|---|---|---|
| つづる①② | 綴る | 他 | 缝上；装订成册 | およぐ② | 泳ぐ | 自 | 游泳 |
| このむ② | 好む | 他 | 喜欢 | すます② | 澄ます | 他 | 澄清 |
| ならう② | 習う | 他 | 学习 | くりかえす③⓪ | 繰り返す | 他 | 反复 |
| あやまる③ | 謝る | 他 | 道歉；认输 | だます② | 騙す | 他 | 欺骗 |
| ととのう③ | 整う | 自 | 整齐，完善 | とりもどす④ | 取り戻す | 他 | 恢复原样 |
| あらわす③ | 表す | 他 | 表示；显示 | うわまわる④ | 上回る | 自 | 超过 |
| そだつ② | 育つ | 自 | 成长 | およぶ⓪ | 及ぶ | 自 | 达到；匹敌 |
| ぬすむ② | 盗む | 他 | 偷盗；背着；抽空儿 | たどる② | 辿る | 他 | 探索；追寻 |
| こばむ② | 拒む | 他 | 拒绝；阻拦 | ひやす② | 冷やす | 他 | 冰镇 |
| かけこむ⓪③ | 駆け込む | 自 | 跑进 | はげむ② | 励む | 自 | 刻苦，勤勉 |
| とりのぞく④⓪ | 取り除く | 他 | 除掉，去掉 | かぐ⓪ | 嗅ぐ | 他 | 闻，嗅 |
| あせる② | 焦る | 自他 | 着急，焦躁 | つぶやく③ | 呟く | 自 | 嘟哝 |
| もとづく③ | 基づく | 自 | 根据，基于 | たまる⓪ | 堪る | 自 | 忍受 |
| はなす② | 放す | 他 | 放开；置之不理 | さけぶ② | 叫ぶ | 自他 | 大声疾呼 |
| おそわる⓪ | 教わる | 他 | 受教，跟……学习 | くずす② | 崩す | 他 | 拆毁，打乱 |
| ふせぐ② | 防ぐ | 他 | 防止 | ゆるす② | 許す | 他 | 许可，承认 |
| まどう② | 惑う | 自 | 困惑 | ほる① | 掘る | 他 | 挖掘 |
| かたる⓪ | 語る | 他 | 讲述 | しずむ⓪ | 沈む | 自 | 沉没 |
| およぼす③⓪ | 及ぼす | 他 | 波及，影响到 | まよう② | 迷う | 自 | 彷徨 |
| たたむ⓪ | 畳む | 他 | 叠 | とう①⓪ | 問う | 他 | 打听；追究 |
| とびだす③ | 飛び出す | 自 | 跳出；突然出现 | っなずく③⓪ | 頷く | 自 | 点头 |
| いやす② | 癒す | 他 | 治愈；慰藉 | くつがえす③④ | 覆す | 他 | 推翻 |
| めだつ② | 目立つ | 自 | 显眼 | たたかう⓪ | 戦う | 自 | 战斗 |
| のぼる⓪ | 上る／登る | 自 | 登；上升；高达 | くるしむ③ | 苦しむ | 自 | 感到痛苦 |
| まいる① | 参る | 自 | 来，去；参拜 | くるう② | 狂う | 自 | 失常；沉溺 |

| けなす⓪ | 貶す | 他 | 贬低，贬斥 | くばる② | 配る | 他 | 分配 |
| --- | --- | --- | --- | --- | --- | --- | --- |
| ならす⓪ | 鳴らす | 他 | 鸣啼，发出响声 | したがう⓪③ | 従う | 自 | 顺从 |
| もぐる② | 潜る | 自 | 潜水；潜入 | しぼる② | 絞る | 他 | 拧；缩小范围 |
| うつす② | 写す | 他 | 抄；拍照 | くさる② | 腐る | 自 | 腐烂 |
| きざみこむ④ | 刻み込む | 自他 | 刻上；铭刻 | いろどる③ | 彩る | 他 | 上色；装饰 |
| する① | 掏る | 他 | 扒窃 | ためす② | 試す | 他 | 尝试 |
| かたよる③ | 偏る | 自 | 不均衡 | まねく② | 招く | 他 | 招待；招惹 |
| つながる⓪ | 繋がる | 自 | 连接 | のぞむ⓪② | 望む | 他 | 眺望；期望 |
| うごく② | 動く | 自 | 行动，移动 | まちがう③ | 間違う | 自他 | 弄错；误…… |
| よっぱらう⓪④ | 酔っ払う | 自 | 酩酊大醉 | おとる⓪② | 劣る | 自 | 劣；不及 |
| つづく⓪ | 続く | 自 | 继续 | はかる② | 計る | 他 | 测量；推测 |
| はなす② | 離す | 他 | 分开；间隔 | ゆずる⓪ | 譲る | 他 | 让给；让路 |
| うつる② | 写る | 自 | 映照，拍成 | そろう② | 揃う | 自 | 齐备，备全 |
| すぎさる⓪③ | 過ぎ去る | 自 | 成为过去 | むすぶ⓪ | 結ぶ | 自他 | 系，结 |
| もりあがる④⓪ | 盛り上がる | 自 | 热烈，活跃 | しげる② | 茂る | 自 | 茂盛 |
| ちらかる⓪ | 散らかる | 自 | 零乱 | かざる⓪ | 飾る | 他 | 装饰 |
| つなぐ⓪ | 繋ぐ | 他 | 绑，系 | あらそう③ | 争う | 自他 | 争夺；斗争 |
| すごす② | 過ごす | 他 | 度过 | もどす② | 戻す | 他 | 返还；复原；倒退 |
| くつろぐ③ | 寛ぐ | 自 | 轻松休息，舒畅，惬意 | こする② | 擦る | 他 | 擦，搓 |
| まとまる⓪ | 纏まる | 自 | 统一，归纳 | こもる② | 籠る | 自 | 充满；闭门不出 |
| うごかす③ | 動かす | 他 | 移动；感动 | こだわる③ | 拘る | 自 | 拘泥；讲究 |
| すべる② | 滑る | 自 | 滑 | かわかす③ | 乾かす | 他 | 晒干，晾干 |
| やぶる② | 破る | 他 | 弄破；爽约 | さそう⓪ | 誘う | 他 | 邀请 |
| うばう② | 奪う | 他 | 抢夺 | さわぐ② | 騒ぐ | 自 | 吵嚷，吵闹 |
| さわる⓪ | 触る | 自 | 触摸 | はやる② | 流行る | 自 | 流行 |

| | | | | | | | |
|---|---|---|---|---|---|---|---|
| みおろす⓪③ | 見下ろす | 他 | 俯视 | かがやく③ | 輝く | 自 | 闪耀 |
| にぎる⓪ | 握る | 他 | 握；捏饭团 | つみかさなる⑤ | 積み重なる | 自 | 反复积累；堆积 |
| だまる② | 黙る | 自 | 沉默 | よこぎる③ | 横切る | 他 | 横穿 |
| ついやす③ | 費やす | 他 | 消耗；浪费 | ひかる② | 光る | 自 | 发光 |
| かさなる⓪ | 重なる | 自 | 重叠；重复 | ことなる③ | 異なる | 自 | 不同 |
| たがやす③ | 耕す | 他 | 耕耘 | はこぶ⓪ | 運ぶ | 自他 | 搬运；进展 |
| なじむ② | 馴染む | 自 | 熟识,适应；融合 | くやむ② | 悔やむ | 他 | 后悔；哀悼 |
| やとう② | 雇う | 他 | 雇佣；租用 | おこなう⓪ | 行う | 他 | 举办 |
| うしなう⓪ | 失う | 他 | 失去 | あゆむ② | 歩む | 自 | 行走；进展 |
| あらわす③ | 現す | 他 | 显露 | くわわる⓪③ | 加わる | 自 | 参加 |
| あじわう⓪③ | 味わう | 他 | 尝；体验 | しく⓪ | 敷く | 自他 | 铺设 |
| そそぐ⓪② | 注ぐ | 自他 | 注入,灌入 | うたがう④⓪ | 疑う | 他 | 怀疑 |
| かむ① | 噛む | 他 | 咬 | やしなう③⓪ | 養う | 他 | 养育 |
| しまる② | 閉まる | 自 | 关闭 | つかむ② | 掴む | 他 | 抓住 |
| はらう② | 払う | 他 | 赶走；付钱 | たよる② | 頼る | 自他 | 依赖 |

## 二类动词

| | | | | | | | |
|---|---|---|---|---|---|---|---|
| ととのえる③④ | 整える | 他 | 整理；备齐；达成 | ほめる② | 褒める | 他 | 赞扬 |
| ささえる⓪③ | 支える | 他 | 支持 | とどける③ | 届ける | 他 | 送到；报告 |
| あばれる⓪ | 暴れる | 自 | 乱闹,撒野 | きたえる③ | 鍛える | 他 | 锻炼 |
| いじめる⓪ | 苛める・虐める | 他 | 欺负,虐待 | ふるえる⓪ | 震える | 自 | 震动 |
| あこがれる⓪ | 憧れる | 自 | 憧憬 | いましめる④ | 戒める | 他 | 规劝；警戒 |
| つぶれる⓪ | 潰れる | 自 | 压坏；破产 | そだてる③ | 育てる | 他 | 养育 |
| ぬれる⓪ | 濡れる | 自 | 淋湿 | あふれる③ | 溢れる | 自 | 溢出，充满 |
| よごれる③⓪ | 汚れる | 自 | 变脏 | おそれる③ | 恐れる | 自 | 害怕；担心 |

| めぐまれる⓪④ | 恵まれる | 自 | 受到恩惠；富有 | はなれる③ | 離れる | 自 | 分离 |
|---|---|---|---|---|---|---|---|
| たずねる③ | 尋ねる | 他 | 寻求，打听 | すぎる② | 過ぎる | 自 | 经过；超过 |
| ながめる③ | 眺める | 他 | 眺望；凝视 | あらためる④ | 改める | 他 | 改变；修改；查验 |
| あらわれる④ | 現れる | 自 | 出现；暴露 | あきらめる④ | 諦める | 他 | 放弃 |
| きよめる③ | 清める | 他 | 洗净 | もとめる③ | 求める | 他 | 要求；寻求；购买 |
| ながれる③ | 流れる | 自 | 流淌；流动 | さだめる③ | 定める | 他 | 决定，规定 |
| くらべる⓪ | 比べる | 他 | 比较 | みとめる⓪ | 認める | 他 | 认同 |
| そろえる③ | 揃える | 他 | 使一致，凑齐 | おさめる③ | 収める | 他 | 接受；收存；取得 |
| しらべる③ | 調べる | 他 | 调查 | まちがえる④③ | 間違える | 他 | 搞错 |
| はねつける⓪④ | 撥ね付ける | 他 | 撞翻；拒绝 | あきる② | 飽きる | 自 | 满足；够，腻 |
| むかえる⓪ | 迎える | 他 | 迎接 | つづける⓪ | 続ける | 他 | 继续 |
| まとめる⓪ | 纏める | 他 | 归纳，整理 | やわらげる④ | 和らげる | 他 | 使缓和 |
| ゆれる⓪ | 揺れる | 自 | 摇晃，动摇 | あずける③ | 預ける | 他 | 寄存；委托 |
| みちあふれる⑤ | 満ち溢れる | 自 | 洋溢，充满 | つなげる⓪ | 繋げる | 他 | 系，拴；维系 |
| はずれる⓪ | 外れる | 自 | 脱落；偏离；落空 | もちいる③⓪ | 用いる | 他 | 使用；采用，任用 |
| かぞえる③ | 数える | 他 | 数 | まかせる③ | 任せる | 他 | 托付，听凭 |
| かざりつける⑤ | 飾りつける | 他 | 修饰，打扮 | こころがける⑤ | 心掛ける | 他 | 留心，注意 |
| つかまえる⓪ | 捕まえる | 他 | 抓住 | そなえる③ | 備える | 他 | 置备；具备 |
| さめる② | 冷める | 自 | 冷却；冷漠 | つとめる③ | 勤める | 自他 | 工作 |
| たおれる③ | 倒れる | 自 | 倒下 | まぬがれる④ | 免れる | 他 | 避免；摆脱 |
| さえる② | 冴える | 自 | 冷峭；清澈；清醒；清晰 | すぐれる③ | 優れる | 自 | 优秀 |

| | | | | | | | | |
|---|---|---|---|---|---|---|---|---|
| なまける③ | 怠ける | 自他 | 懒惰 | くいとめる⓪④ | 食い止める | 他 | 阻止，控制住 |
| さずける③ | 授ける | 他 | 赐予,传授 | つみかさねる⑤ | 積み重ねる | 他 | 积累 |
| くずれる③ | 崩れる | 自 | 崩溃,倒塌 | もうける③ | 儲ける | 他 | 赚钱，得利 |
| ひかえる③② | 控える | 自他 | 待命;控制;临近 | ゆでる② | 茹でる | 他 | 煮，烫，焯 |
| あびる⓪ | 浴びる | 他 | 浇,淋;照,晒;受,蒙 | かさねる⓪ | 重ねる | 他 | 摞；反复 |
| あわてる⓪ | 慌てる | 自 | 惊慌;急忙 | おとずれる④ | 訪れる | 自他 | 访问 |
| そえる⓪ | 添える | 他 | 附加,补充 | いためる③ | 炒める | 他 | 炒，煎，爆 |

## 三类动词

| | | | | | | | |
|---|---|---|---|---|---|---|---|
| ぼうそう⓪ | 暴走 | 名·自 | 飙车;鲁莽从事 | てんしょく⓪ | 転職 | 名·自 | 改行,换工作 |
| しょうとつ⓪ | 衝突 | 名·自 | 冲突 | かくご①② | 覚悟 | 名·自他 | 决心;精神准备 |
| せんれん⓪ | 洗練 | 名·他 | 精练,讲究 | せいきゅう⓪ | 請求 | 名·他 | 请求,索取 |
| はったつ⓪ | 発達 | 名·自 | 发达 | ぶんるい⓪ | 分類 | 名·他 | 分类 |
| しゅうかく⓪ | 収穫 | 名·他 | 收获 | きょうきゅう⓪ | 供給 | 名·他 | 供应 |
| きょうつう⓪ | 共通 | 名·自 | 共同,通用 | どりょく① | 努力 | 名·自 | 努力 |
| きふ① | 寄付 | 名·他 | 捐赠 | けいえい⓪ | 経営 | 名·他 | 经营 |
| しょうさん⓪ | 賞賛 | 名·他 | 称赞 | じょうか①⓪ | 浄化 | 名·他 | 净化 |
| しょうちょう⓪ | 象徴 | 名·他 | 象征 | しょうち⓪ | 承知 | 名·他 | 知道 |
| しゅっぱつ⓪ | 出発 | 名·自 | 出发 | しんしゅつ⓪ | 進出 | 名·自 | 进入新的领域发展 |
| じっこう⓪ | 実行 | 名·他 | 实施 | りゅうこう⓪ | 流行 | 名·自 | 流行 |
| けっせき⓪ | 欠席 | 名·自 | 缺席 | しょり① | 処理 | 名·他 | 处理,收拾 |
| そうさく⓪ | 創作 | 名·他 | 创作;编造 | じかく⓪ | 自覚 | 名·自他 | 意识到 |
| くふう⓪ | 工夫 | 名·他 | 设法 | けつだん⓪ | 決断 | 名·他 | 当机立断 |
| えいきょう⓪ | 影響 | 名·自 | 影响 | けんぶつ⓪ | 見物 | 名·自他 | 观赏,游览 |

| かいご① | 介護 | 名・他 | 看护 | はんせい⓪ | 反省 | 名・他 | 反省 |
| かいふく⓪ | 回復 | 名・自他 | 恢复 | あいず① | 合図 | 名・自他 | 信号；暗号 |
| ほご① | 保護 | 名・他 | 保护 | かいさい⓪ | 開催 | 名・他 | 召开 |
| けつじょ① | 欠如 | 名・自 | 缺乏 | ちゅうもん⓪ | 注文 | 名・他 | 订购；点餐 |
| じょうえい⓪ | 上映 | 名・他 | 上映 | ていきょう⓪ | 提供 | 名・他 | 提供 |
| しゅうしゅう⓪ | 収集 | 名・他 | 收集 | あっか⓪ | 悪化 | 名・自 | 恶化 |
| あくしゅ① | 握手 | 名・自 | 握手；和好 | うわさ⓪ | 噂 | 名・他 | 传言 |
| くんれん① | 訓練 | 名・他 | 训练 | りょうがえ⓪ | 両替 | 名・他 | 兑换 |
| ていちゃく⓪ | 定着 | 名・自他 | 固定,扎根 | さくげん⓪ | 削減 | 名・他 | 削减 |
| じゅんび① | 準備 | 名・他 | 准备 | しんぽ① | 進歩 | 名・自 | 进步 |
| にゅうじょう⓪ | 入場 | 名・自 | 进入会场、比赛场等 | かんめい⓪ | 感銘 | 名・自 | 感动,铭刻在心 |
| さんせい⓪ | 賛成 | 名・自 | 赞成 | じゅしょう⓪ | 受賞 | 名・自他 | 获奖 |
| しげき⓪ | 刺激 | 名・他 | 刺激 | かんこう⓪ | 観光 | 名・他 | 观光 |
| ちょきん⓪ | 貯金 | 名・自 | 存钱 | うんてん⓪ | 運転 | 名・自他 | 驾驶 |
| ほうもん⓪ | 訪問 | 名・他 | 拜访 | こうせい⓪ | 構成 | 名・他 | 结构 |
| なっとく⓪ | 納得 | 名・他 | 理解；同意 | でまえ⓪ | 出前 | 名・他 | 外卖 |
| ぼうぎょ① | 防御 | 名・他 | 防御 | せんきょ① | 選挙 | 名・他 | 选举 |
| ものまね⓪ | 物真似 | 名・自他 | 模仿 | いしき① | 意識 | 名・他 | 意识；认识到 |
| さいばん① | 裁判 | 名・他 | 裁断；审判 | りょうりつ⓪ | 両立 | 名・自 | 并存 |
| ゆだん⓪ | 油断 | 名・自 | 马虎 | しゅっせき⓪ | 出席 | 名・自 | 出席 |
| はっそう⓪ | 発送 | 名・他 | 寄送 | けんちく⓪ | 建築 | 名・他 | 建筑；构造 |
| しょうどうがい⓪ | 衝動買い | 名・他 | 冲动购物 | しゅうちゃく⓪ | 執着 | 名・自 | 固执,贪恋 |
| ほうかい⓪ | 崩壊 | 名・自 | 崩溃；垮,塌 | しょうきゃく⓪ | 焼却 | 名・他 | 焚烧 |
| でんごん⓪ | 伝言 | 名・他 | 传言 | ひまん⓪ | 肥満 | 名・自 | 肥胖 |
| ほじょ① | 補助 | 名・他 | 补助 | はいけん⓪ | 拝見 | 名・他 | 拜读 |
| うでぐみ③④ | 腕組み | 名・自 | 抱着胳膊 | はいたつ⓪ | 配達 | 名・他 | 送,投递 |
| くろう① | 苦労 | 名・自 | 辛苦 | きにゅう⓪ | 記入 | 名・他 | 填写 |

| ごうけい⓪ | 合計 | 名・他 | 总计 | けんとう⓪ | 検討 | 名・他 | 探讨 |
|---|---|---|---|---|---|---|---|
| きょうかん⓪ | 共感 | 名・自 | 共鸣 | はくねつ⓪ | 白熱 | 名・自 | 白热化 |
| だんらん⓪ | 団欒 | 名・自 | 团圆 | おうふく⓪ | 往復 | 名・自 | 来往 |
| こうにゅう⓪ | 購入 | 名・他 | 买进物品等 | きょうりょく⓪ | 協力 | 名・自 | 合作 |
| しっぱい⓪ | 失敗 | 名・自 | 失败 | ぎょうれつ⓪ | 行列 | 名・自 | 队伍 |
| けっしん① | 決心 | 名・自他 | 决意 | こきゅう⓪ | 呼吸 | 名・自 | 呼吸 |
| しょうばい① | 商売 | 名・自他 | 经商 | はかい⓪ | 破壊 | 名・自他 | 破坏 |
| えんりょ⓪ | 遠慮 | 名・自他 | 深思；客气；谢绝 | ごかい⓪ | 誤解 | 名・他 | 误会 |
| じっせん⓪ | 実践 | 名・他 | 实践 | したく⓪ | 支度 | 名・自他 | 准备 |
| けいこ① | 稽古 | 名・他 | 技能练习，练功 | ぶんつう⓪ | 文通 | 名・自 | 通信 |
| じさん⓪ | 持参 | 名・他 | 带来 | てんかん⓪ | 転換 | 名・自他 | 转换 |
| さしず① | 指図 | 名・他 | 指示 | ゆうしょう⓪ | 優勝 | 名・自 | 冠军；取胜 |
| たねまき② | 種まき | 名・自 | 播种 | こんざつ① | 混雑 | 名・自 | 混杂；拥挤 |
| けしょう② | 化粧 | 名・自他 | 化妆 | そしき① | 組織 | 名・他 | 组织 |
| こうけん⓪ | 貢献 | 名・自 | 贡献 | ねぼう⓪ | 寝坊 | 名・自 | 睡懒觉 |
| きゅうよう⓪ | 休養 | 名・自 | 休养 | にゅうりょく⓪① | 入力 | 名・他 | 输入 |
| ひなたぼっこ④ | 日向ぼっこ | 名・自 | 晒太阳 | ていしょう⓪ | 提唱 | 名・他 | 提倡 |
| まるうつし③ | 丸写し | 名・他 | 照抄 | かいしょう⓪ | 解消 | 名・他 | 解除，取消 |
| きせい⓪ | 帰省 | 名・自 | 探亲 | きょうそう⓪ | 競争 | 名・他 | 竞争 |
| けいさん⓪ | 計算 | 名・他 | 计算 | かんじょう③ | 勘定 | 名・他 | 计数；结账 |
| ゆしゅつ⓪ | 輸出 | 名・他 | 出口 | はんげき⓪ | 反撃 | 名・自 | 反击 |
| ちょうせん⓪ | 挑戦 | 名・自 | 挑战 | | | | |

## ナ形容词

| ねっしん①③ | 熱心 | | 热心 | いいかげん⓪ | いい加減 | | 适当，敷衍 |
|---|---|---|---|---|---|---|---|
| こまか②③ | 細か | | 细小，细微 | そまつ① | 粗末 | | 粗糙；疏忽 |
| からっぽ⓪ | 空っぽ | | 空，空虚的 | あんがい①⓪ | 案外 | | 出乎意外 |

| たいしゅうてき⓪ | 大衆的 | 群众性的 | とく⓪ | 得 | 有利；合算 |
| じょうぶ⓪① | 丈夫 | 健康，结实 | きんべん⓪ | 勤勉 | 勤劳 |
| じみち⓪ | 地道 | 勤恳，踏实 | けっこう① | 結構 | 相当 |
| きがる⓪ | 気軽 | 轻松，爽快 | ていねい① | 丁寧 | 礼貌；仔细 |
| けんめい⓪ | 賢明 | 贤明 | さいわい⓪ | 幸い | 幸运；幸亏 |
| おおげさ⓪ | 大袈裟 | 夸张 | ひにく⓪ | 皮肉 | 挖苦，讽刺 |
| さかん⓪ | 盛ん | 繁荣；积极 | ふくざつ⓪ | 複雑 | 复杂 |
| きのどく③④ | 気の毒 | 感到可怜，同情 | さわやか② | 爽やか | 清爽 |
| きよらか② | 清らか | 清；纯洁；清爽 | てっていてき⓪ | 徹底的 | 彻底的 |
| おくびょう③ | 臆病 | 胆怯 | すてき⓪ | 素敵 | 漂亮；极好 |
| わずか① | 僅か | 仅；微，稍 | なめらか② | 滑らか | 光滑；流畅 |
| ぜいたく③④ | 贅沢 | 奢侈 | きよう① | 器用 | 手巧；巧妙 |
| すこやか② | 健やか | 健康，健壮 | ふしぎ⓪ | 不思議 | 不可思议 |
| なごやか② | 和やか | 和睦，安详 | いっしょうけんめい⑤ | 一生懸命 | 拼命地 |
| せっきょくてき⓪ | 積極的 | 积极的 | ゆるやか② | 緩やか | 缓慢；宽松 |
| おだやか② | 穏やか | 温和，平稳 | あきらか② | 明らか | 明亮；明显 |
| こっけい⓪ | 滑稽 | 滑稽；诙谐 | やっかい① | 厄介 | 麻烦，难办 |
| かくじつ⓪ | 確実 | 确实 | おおざっぱ③ | 大雑把 | 草率；粗略 |
| たくみ⓪ | 巧み | 巧妙；技巧 | たいら⓪ | 平ら | 平的 |
| むえん⓪ | 無縁 | 无缘，无关 | みじめ① | 惨め | 悲惨 |
| まえむき⓪ | 前向き | 积极 | きちょうめん④⓪ | 几帳面 | 一丝不苟 |
| かわいそう④ | 可愛そう | 可怜的 | びんぼう① | 貧乏 | 贫穷 |
| じゅんすい⓪ | 純粋 | 纯净；纯粹 | ほがらか② | 朗らか | 开朗；晴朗 |
| しょうきょくてき⓪ | 消極的 | 消极的 | りこう⓪ | 利口 | 机灵 |

| イ形容词 | | | | | |
| あさい⓪ | 浅い | 浅；短浅 | ふさわしい④ | 相応しい | 相称，般配 |
| あぶない⓪③ | 危ない | 危险 | よろしい③⓪ | 宜しい | 好；合适 |

| | | | | | | |
|---|---|---|---|---|---|---|
| うらやましい⑤ | 羨ましい | 羡慕 | あわただしい⑤ | 慌ただしい | 慌张,不稳 |
| さわがしい④ | 騒がしい | 吵嚷吵闹 | かしこい③ | 賢い | 聪明 |
| ひどい② | 酷い | 过分 | さりげない④ | | 若无其事 |
| ちからづよい⑤ | 力強い | 强有力 | かがやかしい⑤ | 輝かしい | 辉煌 |
| すごい② | 凄い | 厉害;惊人 | しつこい③ | | 腻人;执拗 |
| ほそながい④ | 細長い | 细长 | ひとしい③ | 等しい | 等于 |
| もうしわけない⑥ | 申し訳ない | 非常抱歉 | そそっかしい⑤ | | 冒失,马大哈 |
| ものすごい④ | 物凄い | 惊人 | だらしない④ | | 散漫;没出息 |
| おかしい③ | 可笑しい | 可笑;奇怪 | やかましい④ | 喧しい | 吵闹;麻烦;严格 |
| なつかしい④ | 懐かしい | 怀念,眷恋 | めずらしい④ | 珍しい | 罕见 |
| なさけない④ | 情けない | 无情;悲惨;可耻 | かたくるしい⑤⓪ | 堅苦しい | 死板 |
| えらい② | 偉い | 伟大,卓越 | | | |

## 二、必备助词总结

### 1. 格助词

| 格助词 | 接续 | 意义 | 例句 |
|---|---|---|---|
| が | 名词+ | 疑问词作主语时,后面使用「が」 | 誰が吉田君ですか。<br>（哪位是吉田？） |
| | | 主谓结构作定语修饰名词时,主语后要用表示主格的「が」而不用「は」 | 母が作った弁当はとても美味しいです。<br>（妈妈做的便当非常好吃。） |
| | | 表示能力的对象 | 姉はピアノが上手です。<br>（姐姐擅长弹钢琴。） |
| | | 表示眼前正在发生的自然现象 | 雨が降っています。（雨在下。） |
| | | 表示人的眼、耳、鼻、舌等感官感受到的对象 | 家に入ったら、変なにおいがした。（一进家门,我就闻到了一股奇怪的味道。） |
| | | 表示人的"好恶""害怕""思念"等情感或态度的对象 | 私は旅行が好きです。<br>（我喜欢旅行。） |

（续表）

| 格助词 | 接续 | 意义 | 例句 |
|---|---|---|---|
| を | 名词＋ | 提示他动词的宾语 | 歯を磨いて、朝ご飯を食べました。（刷牙后吃了早饭。） |
| | | 表示移动或经过某个场所 | すみませんが、このバスは病院の前を通るでしょうか。（不好意思，这辆公交车经过医院前面吗？） |
| | | 表示经过的时间 | 毎年家族と故郷で春節を過ごすのが一番楽しいです。（每年和家人在老家一起过年是最开心的。） |
| | | 表示动作的起点、出发点 | 地下鉄を降りてバスに乗ります。（下地铁后坐公交车。） |
| と | 名词/句子简体形＋ | 连接句中的并列成分，"……和……" | 鈴木さんと佐々木さんは友達です。（铃木和佐佐木是朋友。） |
| | | 与相应的谓语动词呼应使用，表示与某人共同做某事，"和……" | 安藤さんは小野さんと結婚しました。（安藤和小野结婚了。） |
| | | 表示思考、说话、引用的内容 | 山田さんは明日のパーティーに参加すると言いました。（山田说参加明天的派对。） |
| の | 名词＋ | 表示两个名词之间的所属关系、同谓关系等 | 大学時代の卒業式は一生忘れられません。（我永远也忘不了大学时代的毕业典礼。） |
| | | 主谓结构作定语修饰名词时，主格标记有时可替换为「の」 | 彼氏はユーモアのある人です。（男朋友是个有幽默感的人。） |
| で | 名词＋ | 表示动作发生的具体地点，也包含抽象的场所、场合 | 時々、喫茶店で仕事をします。（我有时在咖啡店工作。） |
| | | 表示工具、手段、方式 | 毎日地下鉄で会社に通っています。（我每天坐地铁上下班。） |
| | | 表示制作某物的直接材料 | この机は木で作られています。（这张桌子是用木头做的。） |
| | | 表示原因 | おじいちゃんは病気で入院しました。（爷爷因病住院了。） |
| | | 表示范围，在某一时间、空间或范围内 | 富士山は日本で一番高い山です。（富士山是日本最高的山。） |
| に | 名词＋ | 表示动作的方向和到达点、附着点 | こちらにサインをお願いします。（请在这里签名。） |

| 格助词 | 接续 | 意义 | 例句 |
|---|---|---|---|
| | | 表示存在的场所 | この動物園には珍しい動物がいろいろいます。（这个动物园有很多珍奇的动物。） |
| | | 表示动作、作用发生的具体时间 | 父は毎朝7時に家を出て、夜9時半に帰ります。（爸爸每天早上7点出门，晚上9点半回家。） |
| | | 动词连用形＋に，表示目的 | おでんを買いにコンビニへ行きました。（去便利店买了关东煮。） |
| | | 表示原因 | 私はその小説に感動しました。（我被那部小说感动了。） |
| | | 表示能力的主体 | あんな難しい仕事は彼にはできません。（那么难的工作，他做不了。） |
| | | 名词＋に＋なる/する，表示客观变化的结果或人为决定的结果 | 気温が0度以下になると、水が氷になります。（气温到零下的话，水会结冰。） |
| | | 表示比较、评价 | 喫煙は健康に悪いです。（吸烟有害健康。） |
| へ | 名词＋ | 表示动作、作用的方向或目的地 | 今新幹線で名古屋へ向かっています。（现在正坐新干线前往名古屋。） |
| | | 向；对于 | あたなへの返信が遅れたことをお詫びします。（我为给你回信晚了而道歉。） |
| から | 名词＋ | 空间的起点 | 私は上海から来ました。（我是从上海来的。） |
| | | 时间的起点 | キムさんとは中学校からの親友です。（我和金是从中学开始的好友。） |
| | | 动作的起点 | 急に山から熊が飛び出しました。（一只熊突然从山里跑出来了。） |
| | | 物品移动的起点，包括声音、恩惠等抽象物移动的起点 | 先週、息子から手紙をもらいました。（上周我收到了儿子来的信。） |
| | | 表示构成某物的材料或组成部分 | 米から作られる食品が多いです。（有很多用大米做的食物。） |
| まで | 名词/动词基本形＋ | 表示空间上的终点或范围 | この列車は北京までです。（这辆列车是开往北京的。） |
| | | 表示时间上的终点或范围 | このデパートは何時までですか。（这家商场开到几点？） |
| より | 名词/动词简体形＋ | 表示比较，"比……更……" | 東京より、北海道のほうが寒いです。（比起东京，北海道更冷。） |

## 2. 副助词

| 副助词 | 接续 | 意义 | 例句 |
|---|---|---|---|
| は | 名词 / 助词 + | 提示句子的主题 | キムさんは留学生です。（小金是留学生。） |
| | | 表示对比 | 広東料理は好きだが、四川料理は苦手だ。（虽然喜欢吃粤菜，但川菜吃不来。） |
| | | 放在数量词后，表示最低限度 | 昨日の会場に50人は来たと思う。（我觉得昨天的会场至少来了50人。） |
| も | 名词 + | 表示同类事物的列举或叠加，"也……" | 李さんは優秀です。王さんも優れています。（小李很优秀，小王也很优秀。） |
| | | 疑问词 + も + 否定表达，表示全盘否定 | 冷蔵庫には何もありません。（冰箱里什么都没有。） |
| | | 数量词 + も，表示数量之多、程度之高 | 回転寿司が美味しくて、つい10皿も食べてしまった。（回转寿司很好吃，不知不觉就吃了10盘。） |
| だけ | 名词 / 数量词 / 助词 / 动词 + | 表示限定 | うちのクラスに留学生が一人だけいます。（我们班只有一个留学生。） |
| | | 表示程度 | この店は飲み放題だから、飲みたいだけ飲めます。（这家店是畅饮，所以可以想喝多少就喝多少。） |
| しか | 名词 / 数量词 / 助词 + | 表示限定，和「ない」搭配一起用，"只有……""仅……" | 冷蔵庫に卵が1個しかありません。（冰箱里只有一个鸡蛋。） |
| こそ | 名词 / 数量词 / 助词 / 动词 + | 提示和强调前面的成分，"正是……""就是……""才……" | 今度こそ、絶対合格したいと思います。（就是这次，我一定要通过。） |
| でも | 名词 / 副词 / 助词 + | 前接极端的事例，表示"即使、即便……也……" | これは先生でも知らない問題です。（这是个连老师也不知道的问题。） |
| | | 前接疑问代词，表示"不论……都……" | 今の子供たちは欲しいものは何でも手に入れます。（现在的孩子们想要的东西什么都能得到。） |
| | | 表示代表性列举，"……之类的" | 休みの日はヨガでもして過ごしています。（休息日常常去做瑜伽什么的。） |
| さえ | 名词 / 助词 + | 前接极端事例，暗示其他一般事例也是如此，"就连……都（也）……""甚至……" | 喉が痛いです。水さえ飲めません。（喉咙痛，连水都不能喝。） |
| まで | 名词 / 助词 + | 前接极端事例，表示程度达到某一范围的极限，"连……都……""甚至……" | 両親まで私の決定を支持してくれませんでした。（甚至连父母都不支持我的决定。） |

（续表）

| 副助词 | 接续 | 意义 | 例句 |
|---|---|---|---|
| ばかり | 数量词 + | 表示大约、大概 | 二日間ばかり学校を休んだ。<br>（向学校请了大概2天假。） |
| | 名词/动词て形 + | 表示限定，"光是……""净是……" | うちの子はアニメばかり見ています。<br>（我家孩子光看动画片。） |
| くらい/ぐらい | 名词/形容动词 + な/形容词基本形/动词简体形 + | 表示大约的量和程度，"大约""大概" | 1時間ぐらい勉強しました。<br>（学了1个小时左右。） |
| | | 表示量少或程度低，"至少""起码……" | 風邪ぐらいなら、1日ゆっくり休めば治るでしょう。（只是感冒的话，应该休息一天就能好吧。） |
| | | 表示程度之高，"简直……"，可以和ほど互换 | あの日は、すごい雪で目を開けられないぐらいでした。（那天雪很大，大到我眼睛都睁不开。） |
| | | 表示最高程度，通常用「～くらい～はない」的形式，"没有比……更……的了" | 娘はいつも子猫くらい可愛いものはないと言っています。（女儿总说没有比小猫更可爱的了。） |
| ほど | 名词/形容动词 + な/形容词基本形/动词简体形 + | 表示大约的程度或量，"大约、大概、大致" | 大きいケーキならひとつほど買うといいでしょう。（如果是大蛋糕的话，买1个就可以了吧。） |
| | | 表示比较，后接否定表达，"不如……" | 日本の物価は思ったほど高くなかった。（日本的物价没有我想象中的高。） |
| | | 表示具体的程度，"简直……""几乎……" | 会議室は字が読めないほど暗かった。（会议室暗到看不见字。） |
| | | 表示最高的程度，通常用「～ほど～はない／はいない」的形式，"没有比……更……的了" | 物理ほど難しい科目はないと思っている。（我觉得没有比物理更难的科目了。） |
| | | 表示应有的限度、程度，常用固定搭配「ほどがある」，"有限度""有分寸" | 冗談にもほどがある。（开玩笑也要有分寸。） |
| など/なんか/なんて | 名词/动词简体形 + | 「など/なんか」表示列举，"……等""……之类的" | 息子への誕生日プレゼントとして、おもちゃなんかはどうですか。（作为送给儿子的生日礼物，玩具一类的怎么样呢？） |
| | | 「など/なんか」表示轻视，用于说话人自己表示谦逊，"……之类的""……什么的" | ぼくなどは無理でしょう。（像我这种人不行吧。） |

19

（续表）

| 副助词 | 接续 | 意义 | 例句 |
|---|---|---|---|
| | | 「なんて」作格助词用时，表示内容，"叫……的……""所谓……"，相当于「などという」「なんていう」的意义 | 人生なんてものは、未知に満ちたものだ。（所谓人生，就是充满未知。） |
| | | 「なんて」表示惊讶的语气，"竟然……" | 監督が私を褒めたなんて、ありえない。（教练竟然表扬了我，不可思议。） |
| だって | 名词 / 句子简体形＋ | 表示没有例外，"都……""连……都……" | そんな乱暴な態度には、誰だって我慢できないでしょう。（那种粗俗野蛮的态度，谁都忍受不了吧。） |
| | | 引用别人的话，表示传闻、听说，相当于「ということだ」 | ねえ、聞いた？スミスさんは全国のスピーチコンテストで優勝したんだって。（哎，听说了吗？据说史密斯在全国演讲比赛中获得了冠军。） |
| って | 名词 / 句子简体形＋ | 用来提示主题，相当于「は / とは / というのは」 | オムライスってどうやって作りますか。（蛋包饭怎么做呢？） |
| | | 表示引用，相当于「と」的口语缩略语 | 先輩は「協力してくれてありがとう」って言ってくださった。（前辈对我说："谢谢你的帮忙。"） |
| | | 名词＋って＋名词，表示"叫……的……，所谓……"，相当于「名词＋という」 | めぐみって人を知っていますか。（你认识叫"惠"的人吗？） |
| のみ | 名词 / 数量词 / 副词 / 助词 / 动词简体形＋ | 意思用法与「だけ」一样，都是表示范围限定，意为"仅仅，只有，只是"，但多用于书面语，较为生硬 | 成績のみで学生を評価すべきではない。（不应该只凭成绩评价学生。） |
| きり | 名词 / 数量词 / 形容词基本形 / 动词简体形＋ | 表示限定，与「だけ」可互换 | 一度きりの人生なんだから、楽しんだ方がいいと思います。（人生只有一次，所以我认为享受比较好。） |
| | | 与否定形式连用，构成「きり（しか）……ない」，相当于「しか……ない」 | ハワイには一度きり（しか）行ったことがない。（我只去过一次夏威夷。） |
| | | 与否定形连用，表示某一时间点动作结束后某一状态的持续，意为"自……以后再也没……" | あれきり彼女とは会っていない。（从那之后，就再也没有见过她了。） |
| ずつ | 数量词 / 副词＋ | 表示事物的等量分配，"每……" | 資料は一人一枚ずつ配ってください。（请给每人发一份资料。） |
| | | 表示等量事物的反复出现 | 毎日2時間ずつ日本語のドラマを見ています。（每天看2个小时的日本电视剧。） |

（续表）

| 副助词 | 接续 | 意义 | 例句 |
|---|---|---|---|
| やら | 名词／副词／助词／形容词／动词简体形（の）＋ | 表示不确定，相当于「か」 | だれやらが庭で騒いでいる。（有人在院子里吵闹。） |
| | | 表示同类事物的列举 | 悔しいやら腹立たしいやらなかなか落ち着かない。（又是后悔，又是生气，怎么都无法安定下来。） |
| や | 名词／形容词＋の＋ | 表示事物的并列、列举，可与「など」搭配使用，"……呀……呀" | 冷蔵庫は野菜や肉などでいっぱいだ。（冰箱里塞满了菜和肉等东西。） |
| とか | 名词／形容动词词干／动词基本形＋ | 表示同类事物的并列、列举 | 川端康成とか夏目漱石とか、日本の作家は多く知っている。（川端康成啦，夏目漱石啦，我知道很多日本的作家。） |
| | | 表示内容的不确定 | 彼はもう離婚したとか聞いているが、本当なのか。（我听说他已经离婚了，真的吗？） |
| か | 疑问词／名词／小句简体形＋ | 接在疑问词后，表示不确定 | いつかタイに行きたいです。（我想什时候去趟泰国。） |
| | | 接在短句后，表示内容的不确定 | 昨夜は徹夜したせいか、今日は眠くてたまらない。（可能因为昨晚熬夜了吧，今天困得不得了。） |
| | | 表示并列、两者择一（后面的「か」可省略）；可用「かどうか」，表示"是……还是不……" | 行くか行かないか迷っています。（我在犹豫去还是不去。） |

## 3. 接续助词

（1）条件类

| 接续助词 | 接续 | 意义 | 例句 |
|---|---|---|---|
| ば | 名词、形容动词＋であれば／形容词词干＋ければ／动词假定形＋ば | 表示假定、条件，"如果……，要是……的话就……" | 留学のことは林さんに聞けばわかります。（留学的事情问小林就行了。） |
| と | 名词、形容动词＋だ／动词基本形＋ | 表示结果假定，多用于亘古不变的真理、一般规律或习惯，"如果……就……" "一……就……" | このボタンを押すと、お釣りが出ます。（一按这个按钮，零钱就会出来。） |
| | | 表示说话人基于前项对后期进行判断，或阐明后项的主张 | 海外旅行だと、少なくとも七日間ぐらいにした方がいいでしょう。（若是海外旅行的话，至少7天左右比较好吧。） |

（续表）

| 接续助词 | 接续 | 意义 | 例句 |
|---|---|---|---|
| | | 表示过去反复发生的事件或习惯 | 子供の頃、週末になると、家族で日帰り旅行をしたものです。（小时候，一到周末，我们家就去一日游。） |
| | | 表示过去发生的在时间或空间上联系紧密的事件 | 体育館に着くと、既にコンサートが始まっていた。（到体育场后，演唱会已经开始了。） |
| ては | 名词、形容动词＋では/形容词词干＋く＋ては/动词て形＋は | 表示假定，后项接负面的、不好的结果 | 毎日夜遅くまで残業していては、体が持たないよ。（每天加班到很晚的话，身体会吃不消的哦。） |
| ものなら | 动词可能形＋ | 假定不太可能实现的事情，后面伴随表示希望、期待、命令的表达，意为"如果能……的话，那就……吧" | 過去に戻れるものなら、大学時代をもう一度やり直したいなあ。（如果能回到过去的话，我想重来一次大学生活。） |
| | 动词意向形＋ | 后项通常为不好的、消极的结果，意为"要是……，万一……的话就……" | ここでタバコを吸おうものなら、注意されるぞ。（在这里吸烟的话，可是会被警告的。） |

（2）因果类

| 接续助词 | 接续 | 意义 | 例句 |
|---|---|---|---|
| から | 句子＋ | 表示原因、理由，"因为……，所以……" | 疲れたから、家でゆっくり休みましょう。（累了就在家好好休息吧。） |
| ので | 名词、形容动词＋な/形容词、动词简体形＋ | 表示客观的原因、理由，"因为……，所以……" | 私の部屋は北向きなので、寒いです。（因为我的房间朝北，所以很冷。） |

（3）并列类

| 接续助词 | 接续 | 意义 | 例句 |
|---|---|---|---|
| で | 名词/形容动词＋で/形容词词干＋く＋て/动词て形 | 中顿形式表示并列 | 中華料理は安くて美味しいです。（中国菜又便宜又好吃。） |
| し | 名词、形容动词＋だ＋し/形容词、动词简体形＋し | 表示原因的列举 | 時間もないし、お金もないし、旅行には行きません。（又没时间，又没钱，所以不去旅行。） |
| ながら | 动词ます形＋ | 表示同时进行，"一边……一边……" | 目に悪いから、寝ながら本を見ないでください。（因为对眼睛不好，所以不要躺着看书。） |
| | | 表示转折，"虽然……，但是……" | 知っていながら、知らないふりをしている。（明明知道，却装作不知道的样子。） |

（续表）

| 接续助词 | 接续 | 意义 | 例句 |
|---|---|---|---|
| ～たり<br>～たり | 名词、形容动词「だったり」＋する/形容词「かったり」＋する/动词「た形」＋り＋する | 用于列举两个及以上的动作或状态，或表示动作状态的反复交替进行 | サービスは店によってよかったり悪かったりします。（服务是有的店好，有的店不好。） |

（4）转折类

| 接续助词 | 接续 | 意义 | 例句 |
|---|---|---|---|
| が | 句子＋ | 表示转折，"但是……""可是……" | 友達の家に行きましたが、いませんでした。（我去了朋友家，但是家里没人。） |
| | | 表示铺垫，引出话题 | ちょっとお伺いしますが、駅はどちらですか。（请问一下，车站在哪儿？） |
| ても | 名词和形容动词＋でも/形容词词干＋く＋ても/动词「て形」＋も | 表示逆接，意为"即便……也……" | 寒くても寒くなくても、やることはやらなければならない。（冷也好，不冷也好，该做的事情必须要做。） |
| けど/<br>けれど/<br>けども/<br>けれども | 句子＋ | 意思与「が」基本相同，表示"虽然……但是……"，为「が」的口语化表达，一般不用于书面语 | いやだけれども、我慢して続ける。（虽然不喜欢，但要忍耐着坚持。） |
| のに | 名词、形容动词＋な/形容词、动词简体形＋ | 表示转折关系，前后项事件是意外的、反常的、不合理的逆接关系，往往带有说话者不满的语气 | たびたび注意されるのに、一向に悪い癖が治らない。（屡次被提醒，毛病却总改不了。） |
| くせに | 名词＋の/形容动词＋な/形容词、动词简体形＋ | 表示逆接，意为"明明……却……"，带有说话者不满、责怪的语气 | 分かっているくせに、答えない。（明明知道，却不回答。） |
| ものの | 句子＋ | 表示逆接，承认前项事实，后项引出与前项不符的事实，"虽然……但是……" | 引き受けたものの、気が進まない。（虽然接受了，可是不愿意做。） |
| ところで | 动词「た」形＋ | 表示即便做了某事也无法达到预期的结果，意为"即便/纵使……也……" | もうこれ以上話し合ったところで無駄ですよ。（就是再商量，也是没有用的。） |
| たって | 名词/形容动词＋だって/形容词词干＋く＋たって/动词「た」形＋って | 与「ても」意思基本相同，但一般用于口语，"即使/尽管……也……" | 何度も書いたって単語は覚えられない。（写了好几遍，单词还是记不住。） |

## 4. 语气助词

| 语气助词 | 接续 | 意义 | 例句 |
|---|---|---|---|
| か | 小句＋ | 表示疑问，此时读升调 | ディズニーランドにはどうやって行く<u>か</u>。（迪士尼乐园怎么去呢？） |
| | | 表示反问 | このままでいいの<u>か</u>。（这样下去可以吗？） |
| | | 表示感叹、自问、确认、劝诱等 | この冬休みももうすぐ終わるの<u>か</u>。速いなあ。（这个寒假也快结束了啊，好快啊。） |
| かしら | 名词／形容动词（なの）／形容词、动词简体形＋ | 表示疑问、自问自答、希望的语气，相当于「か」，但一般为女性用语 | 生きがいとはどんなもの<u>かしら</u>。（所谓人生意义到底是什么呢？） |
| かい／だい | 名词／形容动词词干／形容词、动词简体形＋かい 疑问词／名词／形容动词词干／形容词、动词简体形＋だい | 表示疑问语气,和「か」一样，但多为中年男性用语 | 先に帰ってもいい<u>かい</u>。（我可以先回去吗？） |
| ね | 小句＋ | 表示向对方确认，希望得到对方肯定的回应 | あしたの午後は試験がある<u>ね</u>。（明天下午要考试吧。） |
| | | 表示轻微的感叹 | 今日は本当にいい天気だ<u>ね</u>。（今天真是好天气啊。） |
| よ | 小句＋ | 通常用于对方不知道的场合，表示提醒、告知、警告、注意 | 早く起きないと遅れる<u>よ</u>。（不快点起床的话要迟到了哦。） |
| よね | 小句＋ | 和「ね」意思大致一样，用于向对方确认或征求对方同意 | 今度の海外旅行、パパも行く<u>よね</u>。（这次的海外旅行,爸爸也去吧。） |
| な | 动词基本形＋ | 表示禁止 | タバコを吸う<u>な</u>。（不要抽烟。） |
| | 动词ます形＋ | 表示命令 | チャレンジしてみ<u>な</u>。（试着挑战一下。） |
| な（あ） | 小句＋ | 表示感叹或愿望 | 子供時代に戻れたらいい<u>なあ</u>。（若能回到小时候就好了。） |
| さ | 句末活用词终止形／名词／助词／形容动词词干／句中文节末尾＋ | 表示轻微断定,语气较随意 | 君を信じるのは当たり前<u>さ</u>。（当然相信你了。） |
| | | 和疑问词一起用，表示反问、质问 | 一体何があったの<u>さ</u>。（到底发生什么事了啊？） |

（续表）

| 语气助词 | 接续 | 意义 | 例句 |
|---|---|---|---|
| ぞ | 句子简体形＋ | 表示提醒、叮嘱、警告，相当于「よ」，但为男性用语，对同辈或晚辈使用 | そんなことがばれたら危ないぞ。（那种事情暴露了很危险哦。） |
| | | 表示自言自语 | あいつは今日なんか変だぞ。（那家伙今天有点奇怪啊。） |
| わ | 小句＋ | 表示主张或决心，用于缓和语气，为女性用语 | 黒のほうがお似合いだと思うわ。（我觉得黑色的比较适合你。） |
| | | 表示惊讶、感叹 | このスカート、きれいだわ。（这件裙子真漂亮啊。） |
| の | 名词、形容动词＋な／形容词、动词简体形＋ | 表示断定，多为女性或儿童使用 | もう我慢できないの。（我已经忍不了了。） |
| | | 表示疑问、质问 | そんなこと、誰から聞いたの？（那件事儿，你从哪儿听来的？） |
| | | 表示命令 | ちょっとした失敗で泣かないの。（不要因为一点点失败就流泪。） |
| もの | 小句＋ | 表示原因、理由，多为女性或儿童使用，口语中经常省略成「もん」，常与「だって」搭配使用 | だって会いたいんだもん。（因为想见你嘛。） |
| って | 小句简体形＋ | 表示听说、传闻的内容，"说是……""据说……" | 明日大雨が降るって。（听说明天会下大雨。） |
| | | 用于重复对方的话，带有反问、惊讶、不解的语气 | えっ、出張するんだって？いつなの？（什么？要出差吗？什么时候？） |
| っけ | 小句＋ | 表示回想、回忆 | 学生時代、よくあの店へ行ったっけ？（学生时代我们常去那家店吧？） |
| | | 表示向对方询问、确认自己记不太清的事 | 今度の試験はいつだったっけ？（下次考试是什么时候来着？） |

## 三、必备接续词总结

### 1. 顺接

前项为原因、理由等，后项为结果、结论等。

| だから | 因此，所以 | あのレストランは人気がある。だから、予約はいつも困難だ。那家餐厅很有人气，所以总是很难预约。 |
|---|---|---|

| それで | 因此，所以 | 昨日、友達が家に遊びにきました。それで、夜遅くまで話しました。<br>昨天，朋友来家里玩了。因此，我们聊到了很晚。 |
|---|---|---|
| そのため | 为此，因此 | 事故があった。そのため、電車が遅れています。<br>发生事故了，所以电车晚点了。 |
| そこで | 因此 | 玄関のベルが鳴りました。そこで、私はドアをあけました。<br>玄关的门铃响了，因此，我开了门。 |
| したがって | 因此，所以 | 大都市は便利で人口が集まっています。したがって、家賃が高いです。／大城市方便，人口聚集。因此，房租贵。 |
| すると | 然后，于是 | 姉が妹から飴を奪った。すると、妹はわあわあ泣き出しました。<br>姐姐抢了妹妹的糖，于是，妹妹就哇哇地哭起来了。 |

## 2. 逆接

后项与前项预测的结果相反。

| しかし | 但是 | 物価が上がりました。しかし、給料は上がりません。<br>物价上涨了，但是，工资没上涨。 |
|---|---|---|
| が | 但是 | 仕事は忙しいですが、とても好きです。<br>工作很忙，但是很喜欢。 |
| ところが | 但是，然而 | 薬を飲みました。ところが、病気は治りませんでした。<br>药吃了，但是病没治好。 |
| それなのに | 可是，尽管那样 | もう4月です。それなのに、まるで冬のような寒さです。<br>已经4月了，可是还是像冬天一样冷。 |
| それにもかかわらず | 尽管如此 | 試験が近いです。それにもかかわらず、彼は遊んでばかりいます。／快要考试了。尽管如此，他还是每天玩。 |
| でも | 但是 | 和食が好きです。でも、納豆はまだ食べられません。<br>喜欢吃日本菜。但是，纳豆还吃不了。 |
| それでも | 即便那样 | 大変疲れた。それでも、仕事が終わるまで頑張るぞ。<br>特别累。即便如此，工作完成前我还是会努力的。 |

## 3. 并列

在前项的基础上加上后项，前后项为并列关系。

| また | 另外，或者 | この店のラーメンはとても美味しいです。また、値段も安いです。<br>这家店的拉面非常好吃，另外价格也便宜。 |
|---|---|---|
| 及び（および） | 以及，和 | こちらの資料に氏名及び電話番号をご記入ください。<br>请在这边的资料里填写姓名以及电话。 |
| かつ | 并且 | 東京は日本の政治の中心地であり、かつ経済の中心地でもある。<br>东京是日本的政治中心，也是经济中心。 |
| 並びに（ならびに） | 和，以及 | こちらのお手洗いはお客様並びに店員も利用します。<br>这边的洗手间客人和店员都会使用。 |

## 4. 添加

在前项的基础上添加后项，前后项为累加、递进关系。

| | | |
|---|---|---|
| そして | 而且，然后 | 大学の食堂にカレーライスがあります。<u>そして</u>、ラーメンもあります。/ 大学食堂有咖喱饭，而且还有拉面。 |
| それに | 而且，再加上 | サラダは美味しいです。<u>それに</u>、健康にいいですから、大好きです。/ 沙拉很好吃，而且有益于身体健康，所以我很喜欢。 |
| それにしても | 即使那样，话虽如此 | 高いのは承知していたが、<u>それにしても</u>ちょっと高すぎる。虽然知道这个东西很贵，但这个价格也太高了。 |
| それから | 还有，再加上 | まず駅で切符を買います。<u>それから</u>、新幹線に乗ります。先在车站买票，然后乘新干线。 |
| しかも | 而且，并且 | このかばんは軽くて持ちやすいです。<u>しかも</u>、デザインがいいです。/ 这个包很轻好拿，而且设计也很好。 |
| おまけに | 加之，而且 | 東京は家も小さく、<u>おまけに</u>物価も高いです。东京不但住房小，而且物价贵。 |
| さらに | 并且，更加 | ご飯を大盛り2杯食べました。<u>さらに</u>、デザートも食べました。吃了两大碗的饭。并且还吃了甜点。 |
| そのうえ | 又，加上，而且 | ディズニーランドで道に迷い、<u>そのうえ</u>雨に降られて散々だった。/ 在迪士尼乐园里迷路了，而且淋了雨，非常狼狈。 |

## 5. 对比

将前后项进行对照、比较。

| | | |
|---|---|---|
| 一方（いっぽう） | （另）一方面 | 娘は勉強に励んでいます。<u>一方</u>、息子はゲームばかりしています。/ 女儿学习很努力，但另一方面，儿子总是打游戏。 |
| 反対に（はんたいに） | 相反 | 王先生は優しいです。<u>反対に</u>、李先生は厳しいです。王老师很温柔，与此相反，李老师很严厉。 |
| そのかわり | 但是，可是，另一方面 | 彼は頭がいいが、<u>かわりに / そのかわり</u>、性格はちょっと変です。/ 他很聪明，但是性格有点古怪。 |
| 逆に（ぎゃくに） | 相反，反之 | 北の方は雪が降って寒いです。<u>逆に</u>、南の方はとても暑いです。/ 北方下雪很冷。相反，南方非常热。 |
| 反面（はんめん） | 另一面 | 彼はわがままな<u>反面</u>、リーダーシップがあります。他虽然很任性，却很有号召力。 |

## 6. 选择

从前项、后项中进行选择。

| | | |
|---|---|---|
| または | 或者，或是 | 小川先生はいつも黒<u>または</u>白の靴を履いています。小川老师总是穿着黑色或白色的鞋子。 |

| それとも | 还是，或者 | お昼はレストランで食べますか。それとも弁当を買って持ち帰りますか。／中午在餐厅吃还是买便当拿回去吃呢？ |
|---|---|---|
| あるいは | 或者；有的，有时 | 今度の冬休みはタイあるいはハワイのような暖かいところに行きたいです。／这个寒假我想去泰国或者夏威夷这样的暖和的地方。 |
| もしくは | 或，或者 | 外国人登録証もしくは在留カードを出してください。请出示一下外国人出入证或者暂住证。 |
| むしろ | 宁可，与其……不如…… | 美しいと言うより、むしろ可愛い人です。与其说是美丽，不如说是可爱的人。 |

## 7. 说明

对前项进行解释、说明等。

| なぜなら | 因为，原因是 | 今はなんとも言えない。なぜなら、まだ協議中だから。现在不好说什么。为什么这么说呢？因为这件事还在商议中。 |
|---|---|---|
| というのは | 因为；解释，下定义 | 彼は欠席が多い。というのは、アルバイトで忙しいから。他经常缺席。说是打工太忙的缘故。 |
| なぜかというと | 原因是 | 昨日は泣いてしまった。なぜかというと、おばあちゃんのことを思い出したからだ。昨天哭了。是因为想起了奶奶。 |

## 8. 要点

针对前项的目标或目的等，叙述需要做的后项。

| そのためには | 为此，因此 | 早稲田大学に合格したい。そのためには、毎日勉強を欠かさない。我要考上早稻田大学。为此，每天都要学习。 |
|---|---|---|
| それには | 为此，对此 | 夏までに痩せたい。それには毎日の運動が重要だ。想在夏天之前瘦下来。为此，每天运动很重要。 |

## 9. 补充

对前项进行补充。

| なお | 而且，仍，更 | 本日の面接はこれで終了します。なお、結果については、メールでお知らせします。今天的面试到此结束。另外，关于结果，我会通过邮件通知大家。 |
|---|---|---|
| ただ | 不过，可是 | このシャツは似合っていますが、ただ、ちょっと高いです。这件衬衫很合适。不过，稍微有点贵 |
| 実は（じつは） | 其实 | あの人は日本語が上手ですが、実はアメリカ人なんですよ。那个人虽然日语很好，但其实是个美国人哦。 |
| ただし | 不过，可是 | 明日、マラソン大会を行います。ただし、雨天の場合は中止します。／明天举办马拉松大赛。不过，下雨的话就取消。 |

## 10. 解释替换

对前项换个说法进行叙述。

| つまり | 总之，也就是说 | 日本の首都、つまり東京は、物価がとても高いです。<br>日本的首都也就是东京，物价很高。 |
|---|---|---|
| 要するに<br>（ようするに） | 总而言之，总归 | 要するに、君のプランに反対なんだね。<br>总之，我反对你的计划。 |
| すなわち | 即，也就是说 | 結婚、すなわち家族を築くということだ。<br>结婚，也就是构筑家庭。 |

## 11. 举例说明

通过举例说明前项。

| 例えば（たとえば） | 例如 | 海外旅行に行ったことがありますか。例えば、タイとか、シンガポールとか。<br>去海外旅行过吗？比如泰国、新加坡之类的。 |
|---|---|---|
| いわば | 可以说，说起来 | 富士山はいわば日本のシンボルだ。<br>富士山可以说是日本的象征。 |

## 12. 强调

挑选出特例、重点或最想传达的信息、情况等。

| 特に（とくに） | 特别 | 今年の冬は特に寒いです。<br>今年的冬天特别冷。 |
|---|---|---|
| なかでも | 尤其，其中尤以 | 今学期は成績が悪い、なかでも数学がひどい。<br>这学期的成绩不好，其中数学尤其差。 |
| とりわけ | 特别，格外 | 人は中年になると、とりわけ忙しい。<br>人到中年，格外忙碌。 |

## 13. 转换话题

转换或与前项不同的话题、情况，或提起新话题。

| それでは | 那么，那么说 | それでは、授業を始めます。<br>那么，开始上课。 |
|---|---|---|
| さて | 那么，然后 | これで今日のニュースは終わります。さて明日の天気ですが。<br>今天的新闻到此结束，下面播送明天的天气预报。 |
| ところで | 话说 | もうすぐ今年も終わるね。ところで、正月は田舎へ帰るの？<br>今年马上也要结束了。话说，春节回老家吗？ |

## 四、必备副词总结

### 1. 后接否定型副词

| 假名 | 日文汉字 | 含义 | 例句 |
| --- | --- | --- | --- |
| けっして | 決して | 绝对(不)…… | 決して諦めない。<br>绝对不放弃。 |
| めったに | 滅多に | 不常，很少 | 私はめったに怒らない。<br>我很少生气。 |
| すこしも | 少しも | 一点也(不)…… | 少しも疲れを感じない。<br>一点也不觉得累。 |
| ぜんぜん | 全然 | 完全不…… | 冬休みの宿題は全然終わらない。<br>寒假作业根本做不完。 |
| ちっとも | | 一点(也不) | ちっとも気がつかなかった。<br>一点儿也没注意到。 |
| それほど | | 那么 | それほど大切なことでもないよ。<br>也不是那么重要的事情。 |

### 2. AっBC型副词

| 假名 | 日文汉字 | 含义 | 例句 |
| --- | --- | --- | --- |
| いっそう | 一層 | 越发 | なお一層の努力を望む。<br>希望今后更加努力。 |
| いったい | 一体 | 大体上；到底 | この人はいったい誰ですか。<br>这个人究竟是谁啊？ |
| うっかり | | 不留神；发呆 | うっかりして間違いをしてしまった。<br>不小心弄错了。 |
| きっかり | | 清晰；正好 | 6000円きっかり受け取りました。<br>收到6000日元整。 |
| さっそく | 早速 | 马上 | 決まった以上さっそく実行に移す。<br>决定了马上就干。 |
| さっぱり | | 完全；清淡；轻松 | さっぱり覚えがない。<br>完全不记得。 |
| しっかり | | 牢靠；坚强；结实；脚踏实地 | 彼の数学は基礎がしっかりしている。<br>他的数学基础很扎实。 |
| すっかり | | 全都 | すっかり忘れました。<br>完全忘记了。 |
| すっきり | | 洗练；舒畅 | とてもすっきりした気分になった。<br>心情变得非常舒畅。 |

（续表）

| 假名 | 日文汉字 | 含义 | 例句 |
|------|---------|------|------|
| せっかく | | 好不容易 | せっかく行ったのに、見たい映画が満席だった。/ 好不容易去了，想看的电影却满座了。 |
| ぜったい | 絶対 | 絶対 | 今度は絶対大きい車にしようよ。<br>下次一定要买大一点的车。 |
| はっきり | | 清楚,明确 | はっきり言った方がいいでしょう。<br>说清楚比较好。 |
| まったく | | 完全,简直 | まったく知らない。<br>完全不知道。 |
| もっとも | 最も | 最 | 最も好きな食べ物はラーメンです。<br>最喜欢的食物是拉面。 |
| ゆっくり | | 慢慢地；充分 | 早くこの仕事を片付けて、ゆっくりしたい。<br>我想把这项工作早点做完，放松一下。 |

## 3. AっB型副词

| 假名 | 日文汉字 | 含义 | 例句 |
|------|---------|------|------|
| かっと | | 勃然大怒 | 彼はかっとなるたちだ。<br>他脾气暴躁易怒。 |
| きっと | | 一定 | パーティーに行けばきっと楽しいよね。<br>去派对的话一定会很开心的。 |
| じっと | | 一动不动 | 彼はじっと立っていた。<br>他一动不动地站着。 |
| そっと | | 悄悄地 | 王子様はお姫様にそっと口づけした。<br>王子悄悄地亲吻了公主。 |
| たった | | 只是 | たった一杯のビールで酔っ払った。<br>只喝了一杯啤酒就醉了。 |
| ほっと | | 松了一口气 | ほっとした。<br>松了一口气。 |
| やっと | | 终于；勉强 | やっと終わった。<br>终于结束了。 |

## 4. ABAB型副词

| 假名 | 日文汉字 | 含义 | 例句 |
|------|---------|------|------|
| いきいき | 生き生き | 生动,生气勃勃 | うちの子はいつも生き生きしている。<br>我家孩子总是充满活力。 |
| いよいよ | | 越发；终于要 | いよいよ試合が始まる。<br>比赛终于要开了。 |

（续表）

| 假名 | 日文汉字 | 含义 | 例句 |
|---|---|---|---|
| くよくよ | | 担心，闷闷不乐 | くよくよするな。元気出して。<br>不要闷闷不乐的。打起精神来。 |
| こつこつ | | 孜孜不倦，勤勉 | こつこつと働く。<br>孜孜不倦地工作。 |
| ころころ | | 滚动的样子 | ガラス玉がころころ転がる。<br>玻璃球骨碌碌地滚动。 |
| ざわざわ | | 沙沙响；人声嘈杂 | 会場はまだざわざわしている。<br>会场还乱哄哄的。 |
| しみじみ | | 深切；仔细 | 外国語の大切さをしみじみ感じる。<br>深感外语的重要性。 |
| せいぜい | 精々 | 顶多；最多；充其量 | 一日に原稿用紙5枚書くのがせいぜいです。<br>一天充其量能写5页原稿。 |
| そもそも | | 最初，原本 | そもそも君が悪いんだ。<br>原本就是你不好。 |
| それぞれ | | 各自 | 人にはそれぞれ生まれ持った気質がある。<br>每个人都有与生俱来的气质。 |
| そろそろ | | 不久，快要 | そろそろ行きましょうか。<br>差不多走吧。 |
| だらだら | | 冗长 | 演説はだらだらと続いた。<br>演说冗长乏味。 |
| だんだん | | 渐渐 | だんだん寒くなってきたよ。<br>渐渐变冷了。 |
| とうとう | | 终于 | 彼は100％の勇気で、とうとう口を開いた。<br>他以百分百的勇气，终于开口了。 |
| どきどき | | 七上八下 | 面接を控えて胸がどきどきする。<br>快面试了，（我）很紧张。 |
| どんどん | | 连续不断；旺盛 | 物価がどんどん上がる。<br>物价不断上涨。 |
| なかなか | | 非常；轻易（不） | なかなかいい小説ですね。<br>真是相当不错的小说啊。 |
| にこにこ | | 笑眯眯 | あの子はいつもにこにこしている。<br>那个孩子总是笑嘻嘻的。 |
| はらはら | | 担心 | 見ていてもはらはらする。<br>看着都担心。 |
| ばらばら | | 零乱；哗啦啦 | みんなの気持ちがばらばらだ。<br>大家的心情各不相同。 |
| まるまる | | 完全；整 | ケーキをまるまる一個食べた。<br>吃了一整个蛋糕。 |

| 假名 | 日文汉字 | 含义 | 例句 |
|---|---|---|---|
| ますます | | 越来越 | ますます元気になった。<br>越来越精神了。 |
| まだまだ | | 还差得远 | まだまだですよ。<br>还差得远呢。 |
| わくわく | | 兴奋，期待 | もうすぐ冬休みになるので、わくわくしている。/ 马上就要放寒假了，兴奋不已。 |
| わざわざ | | 特意 | わざわざ彼に謝罪する。<br>特意向他道歉。 |

## 5. 其他副词

| 假名 | 日文汉字 | 含义 | 例句 |
|---|---|---|---|
| いきなり | | 突然 | 彼はいきなり笑い出した。<br>他突然笑了起来。 |
| いつのまにか | いつの間にか | 不知不觉 | いつの間にか春が来た。<br>不知不觉中春天到了。 |
| いつまでも | | 始终 | いつまでも一緒にいたいです。<br>想永远在一起。 |
| いまさら | 今更 | 事到如今才 | 今更後悔しても遅いよ。<br>事已至此，即使后悔也晚了。 |
| おおいに | 大いに | 非常 | 彼の意見に大いに同感した。<br>我非常赞同他的意见。 |
| おおぜい | 大勢 | 很多人 | 大勢の人の前でスピーチするのは緊張します。/ 在很多人面前演讲会紧张。 |
| おたがい | お互い | 彼此，互相 | お互いに理解し合う。<br>互相理解。 |
| おそらく | 恐らく | 也许，恐怕 | 彼は恐らく来ないだろう。<br>他恐怕不会来吧。 |
| およそ | | 大约 | 値段はおよそ5万円です。<br>价格大约5万日元。 |
| おもいきって | 思い切って | 坚决，下决心 | 彼は思い切ってタバコをやめた。<br>他毅然戒了烟。 |
| おもいきり | 思い切り | 断念；尽情地 | 旅行を思い切り楽しんだ。<br>我尽情地享受了旅行。 |
| おもわず | 思わず | 禁不住 | 私は思わず笑い出してしまった。<br>我禁不住笑了出来。 |
| かならず | 必ず | 必然 | 必ず一つ受けてください。<br>请一定要接受一个。 |

（续表）

| 假名 | 日文汉字 | 含义 | 例句 |
|---|---|---|---|
| きちんと | | 整洁；恰当；好好地；准时 | 机の上はきちんと整理しておきなさい。<br>请把桌子上整理好。 |
| きわめて | 極めて | 极其 | 極めて非常識のことだと思います。<br>我觉得是极其没有常识的事情。 |
| じつは | 実は | 事实上 | 実は車が欲しくてずっと貯金しています。<br>其实我想要一辆车，所以一直在存钱。 |
| しばらく | 暫く | 暂时 | それほど長くかからないので、しばらく待ってほしい。/ 因为不会花费太长时间，所以希望你等一会儿。 |
| そのうち | | 近日内 | そのうちに良くなる。<br>不久就会好起来。 |
| とうぶん | 当分 | 暂时 | このお金は当分使わないつもりだ。<br>这笔钱暂时不打算使用。 |
| とりあえず | | 暂且 | とりあえず、この薬を飲んで、様子を見てください。<br>请先把这药吃了，再观察病情。 |
| まもなく | 間もなく | 不久，即将 | まもなく一番線に急行列車がまいります。<br>一号线即将有快车驶来。 |
| もはや | 最早 | 已经 | この気温はもはや真冬だ。<br>这个气温已经是严冬了。 |
| やがて | | 不久；大约；结果 | やがて彼は素晴らしい選手になるだろう。<br>不久他会成为一名出色的选手吧。 |
| ようやく | | 终于 | ようやく試験が終わった。<br>考试终于结束了。 |
| すくなくとも | 少なくとも | 至少 | 毎月の生活費のうち、少なくとも、3万円は食費で使う。/ 每个月的生活费中，至少有3万日元用在伙食费上。 |
| すべて | 全て | 全部 | 全て彼の責任です。<br>全都是他的责任。 |
| ぜひ | 是非 | 一定 | ぜひハワイに行ってみたいです。<br>我一定要去趟夏威夷。 |
| たいてい | 大抵 | 大多数 | 問題はたいてい解決した。<br>问题基本解决了。 |
| だいたい | 大体 | 大约 | 私は大体月末に帰国します。<br>我大概月底回国。 |
| だいぶ | 大分 | 很，相当 | だいぶよくなりました。<br>好多了。 |
| たえず | 絶えず | 不断 | 彼はいつも不安で、夜には絶えず夢を見る。<br>他总是不安，夜里不停地做梦。 |

（续表）

| 假名 | 日文汉字 | 含义 | 例句 |
|------|----------|------|------|
| たまに | 偶に | 偶尔 | たまにレストランで食事をしたい。<br>偶尔想在餐厅吃饭。 |
| ただちに | 直ちに | 立即; 直接 | 彼は直ちに手術することを決めた。<br>他当即决定动手术。 |
| たちまち | 忽ち | 立刻 | 薬を飲んだらたちまち頭痛が消えた。<br>一吃完药, 头立刻就不疼了。 |
| ただ | | 仅; 一个劲儿 | ただ事実を言っただけだ。<br>只是说了事实而已。 |
| たとえ | | 纵使 | たとえ冬が寒い季節だとしても、私は冬が好きです。<br>即便冬天是寒冷的季节, 我也喜欢冬天。 |
| たぶん | 多分 | 大概 | たぶん大丈夫だと思うよ。<br>我觉得应该没问题。 |
| たんに | 単に | 仅, 只 | 単に成績が良いだけではない。<br>不仅仅是成绩好。 |
| ちょくせつ | 直接 | 直接 | 直接会場に行く。<br>直接去会场。 |
| ちゃんと | | 好好地 | ちゃんとご飯を食べなさい。<br>好好吃饭。 |
| つい | | 不知不觉 | ついたくさんのものを買ってしまった。<br>不知不觉就买了很多东西。 |
| ついに | | 终于 | 彼のアメリカへ行きたいという願いがついにかなった。<br>他去美国的愿望终于实现了。 |
| ついでに | | 顺便 | ついでにミルクを買ってきてね。<br>顺便也买点牛奶回来吧。 |
| つねに | 常に | 时常 | 登山には常に危険が伴います。<br>登山总是伴随着危险。 |
| できるだけ | | 尽可能 | できるだけ遅刻しないようにしています。<br>尽量做到不迟到。 |
| なるべく | | 尽量 | なるべくお酒を飲まないようにしている。<br>我尽量不喝酒。 |
| どうか | | 请; 设法; 不正常 | どうか便宜を図ってください。<br>请行个方便。 |
| ともかく | | 暂且不论; 总之 | このデジカメ、質はともかく、値段が安い。<br>这台数码相机, 质量暂且不说, 价格倒很便宜。 |
| とにかく | | 总之 | とにかく、あなたに会えて本当に嬉しかった。 / 总之, 能见到你真的很开心。 |

（续表）

| 假名 | 日文汉字 | 含义 | 例句 |
|---|---|---|---|
| どれほど | | 多么 | 行動がどれほど重要か理解しなければならない。／必须理解行动是多么重要。 |
| なにしろ | 何しろ | 反正；因为 | なにしろ行ってみることだ。<br>反正得去看看。 |
| なんと | | 多么；竟然 | なんと美しい花だろう。<br>多美丽的花啊。 |
| なんとか | 何とか | 设法；总算 | ごめん、なんとかできないかな。<br>对不起，能想想办法吗？ |
| なんとなく | | 总觉得；无意中 | なんとなく体が疲れた感じがします。<br>总觉得身体疲倦。 |
| なんだか | 何だか | 总觉得 | 今日はなんだか体がだるい。<br>今天总觉得身体倦怠。 |
| のんびり | | 悠闲自在 | 週末は家でのんびり休みたいです。<br>周末想在家好好休息。 |
| ふたたび | 再び | 再 | また再びあなたに連絡します。<br>我会再联系你。 |
| ふだん | 普段 | 平时 | 普段朝食をとりますか。<br>平时吃早饭吗？ |
| べつに | 別に | 并不 | 別に悪いことではないんだ。<br>并不是什么坏事。 |
| ぼんやり | | 模糊；恍惚，发呆 | ぼんやり外を眺めている。<br>呆呆地望着外边。 |
| まことに | 誠に | 实在 | 本日もご来店いただきまして、誠にありがとうございます。<br>今天承蒙光临，非常感谢。 |
| もし | | 假如 | もし日本を訪れるのなら、一緒に食事に行きましょう。<br>如果去日本的话，一起去吃饭吧。 |
| もちろん | 勿論 | 当然 | もちろんだめです。<br>当然不行。 |
| まるで | | 好像 | まるで春が来たようだ。<br>仿佛春天来了。 |
| やく | 約 | 大约 | 約2か月かかるかもしれません。<br>大约要花2个月。 |
| やはり | | 果然；仍旧 | やはり努力が必要です。<br>果然努力是必要的。 |
| よほど | | 很；差点就 | よほど自信があるのだろう。<br>很有自信吧。 |

（续表）

| 假名 | 日文汉字 | 含义 | 例句 |
|------|---------|------|------|
| わざと | | 故意 | 彼はわざと平然たる様子をする。<br>他故作坦然的样子。 |
| わりと | 割と | 比较; 意外 | 公務員って、割と安定しているからね。<br>公务员还是比较稳定的。 |

## 五、必备用言活用总结

### 1. 动词活用

（1）【动词ます形】

| | 活用规则 | 基本形 | ます形<br>（连用形＋ます） | 例句 |
|---|---------|--------|------------------------|------|
| 一类动词 | 词尾假名变成<br>い段假名＋ます | 話す | 話し（ます） | 今すぐ誰かと話し（話す）たい。 |
| | | 買う | 買い（ます） | このお客さん、昨日も商品を買い（買う）に来た気がする。 |
| | | 走る | 走り（ます） | ゴールまで走り（走る）抜いた。 |
| 二类动词 | 去掉词尾る＋ます | 伝える | 伝え（ます） | 周りの友人にはもう伝え（伝える）ました。 |
| | | 寝る | 寝（ます） | 授業中はけっして寝（寝る）ません。 |
| 三类动词 | 「する」变成「します」 | 連絡する | 連絡し（ます） | 彼を怒らせてしまったから、連絡し（連絡する）にくいです。 |
| | 「来る」变成「来（き）ます」 | 来（く）る | 来（き）（ます） | 彼女はもうすぐ来（来る）ますよ。 |

（2）【动词て形】

| | 活用规则 | 基本形 | て形 | 例句 |
|---|---------|--------|------|------|
| 一类动词 | う、つ、る→って<br>く→いて<br>ぐ→いで<br>す→して<br>ぬ、ぶ、む→んで | 言う | 言って | 文句ばっかり言って（言う）いても始まらないよ。 |

（续表）

|  | 活用规则 | 基本形 | て形 | 例句 |
|---|---|---|---|---|
| 一类动词 | う、つ、る→って<br>く→いて<br>ぐ→いで<br>す→して<br>ぬ、ぶ、む→んで | 立つ | 立って | 2時間も座らずに<u>立って</u>（立つ）話しました。 |
|  |  | 行く | ※行って | 行ったことがない国に<u>行って</u>（行く）みることは冒険である。 |
|  |  | 聞く | 聞いて | 毎朝日本語のラジオ番組を<u>聞いて</u>（聞く）いる。 |
|  |  | 渡す | 渡して | この資料を<u>渡して</u>（渡す）ください。 |
|  |  | 死ぬ | 死んで | 二人が戦争で<u>死んで</u>（死ぬ）しまった。 |
|  |  | 読む | 読んで | 私はずっと小説を<u>読んで</u>（読む）いました。 |
| 二类动词 | 去掉词尾「る＋て」 | 伝える | 伝えて | 王さんにすぐ事務室に来るように<u>伝えて</u>（伝える）ください。 |
|  |  | 寝る | 寝て | 化粧をしたまま<u>寝て</u>（寝る）しまった。 |
| 三类动词 | 「する」变成「して」 | 連絡する | 連絡して | 上海に着いたら<u>連絡して</u>（連絡する）くださいね。 |
|  | 「来る」变成<br>「来（き）て」 | 来（く）る | 来（き）て | 卵を取って<u>来て</u>（来る）くれないかしら？ |

（3）【动词た形】

|  | 活用规则 | 基本形 | た形 | 例句 |
|---|---|---|---|---|
| 一类动词 | う、つ、る→った<br>く→いた<br>ぐ→いだ<br>す→した<br>ぬ、ぶ、む→んだ | 言う | 言った | お母さんの<u>言った</u>（言う）とおり、雨が降って来た。 |
|  |  | 立つ | 立った | 電車の中で<u>立った</u>（立つ）まま居眠りをしてしまいました。 |
|  |  | 行く | ※行った | 今まで日本に<u>行った</u>（行く）ことがありません。 |
|  |  | 聞く | 聞いた | 部長の意見を<u>聞いた</u>（聞く）うえで、報告書を作ること。 |
|  |  | 渡す | 渡した | お土産を<u>渡した</u>（渡す）時に、「あ、北海道へ行ったんですね」などと言われた。 |
|  |  | 読む | 読んだ | 先生が<u>読んだ</u>（読む）ところを繰り返して読んでください。 |

| | 活用规则 | 基本形 | た形 | 例句 |
|---|---|---|---|---|
| 二类动词 | 去掉词尾る＋た | 伝える | 伝えた | 彼がみんなに伝えた（伝える）ことは何でしょうか。 |
| | | 寝る | 寝た | 命だけは助かったが、寝た（寝る）きり状態が続くようになった。 |
| 三类动词 | 「する」变成「した」 | 連絡する | 連絡した | 早めに連絡した（連絡する）ほうがいい。 |
| | 「来る」变成「来（き）た」 | 来（く）る | 来（き）た | 台風が来た（来る）ため、今日学校に行かなくてもいいです。 |

（4）【动词否定形】

注：动词否定形指"动词未然形＋ない"的形式。

| | 活用规则 | 基本形 | 否定形（动词未然形＋ない） | 例句 |
|---|---|---|---|---|
| 一类动词 | 词尾假名变成あ段假名＋ない（以「う」结尾的变成「わ」＋ない） | 言う | 言わない | 無関係な人に言わない（言う）でください。 |
| | | 立つ | 立たない | それは何の役にも立たない（立つ）ただの木箱でしかない。 |
| | | 読む | 読まない | あの子は漫画しか読まない（読む）。 |
| 二类动词 | 去掉词尾る＋ない | 伝える | 伝えない | ガラスは電気を伝えない（伝える）。 |
| | | 寝る | 寝ない | 寝るか寝ない（寝る）かのうちに、母からの電話がかかってきた。 |
| 三类动词 | 「する」变成「しない」 | 連絡する | 連絡しない | 予定が変わったら連絡し（連絡する）なければならない。 |
| | 「来る」变成「来（こ）ない」 | 来（く）る | 来（こ）ない | 今日10時に待ち合わせのはずなのに、相手はまだ来ない（来る）。 |

（5）【动词意向形】

| | 活用规则 | 基本形 | 意向形 | 例句 |
|---|---|---|---|---|
| 一类动词 | 词尾假名变成お段假名＋う | 言う | 言おう | 作者は、何を言おう（言う）としているのか。 |
| | | 立つ | 立とう | 彼は頑張って立とう（立つ）としている。 |

（续表）

| | 活用规则 | 基本形 | 意向形 | 例句 |
|---|---|---|---|---|
| 一类动词 | 词尾假名变成お段假名＋う | 読む | 読もう | 新聞を読もう（読む）としたところに、電話がかかってきた。 |
| 二类动词 | 去掉词尾る＋よう | 伝える | 伝えよう | 私は必死にそれを伝えよう（伝える）としている。 |
| | | 寝る | 寝よう | 明日の受験で失敗しないように、今夜は早めに寝よう（寝る）。 |
| 三类动词 | 「する」变成「しよう」 | 勉強する | 勉強しよう | うちの子はいくら言っても、勉強しよう（勉強する）とはしない。 |
| | 「来る」变成「来（こ）よう」 | 来（く）る | 来（こ）よう | 明日は台風が来よう（来る）が来るまいが、どこにも出かけず家にいた方がいい。 |

（6）【动词命令形】

| | 活用规则 | 基本形 | 命令形 | 例句 |
|---|---|---|---|---|
| 一类动词 | 词尾假名变成え段假名 | 言う | 言え | 知っていることを全部言え（言う）。 |
| | | 頑張る | 頑張れ | あきらめるな！頑張れ（頑張る）！ |
| | | 読む | 読め | 一行目から読め（読む）。 |
| 二类动词 | 去掉词尾る＋ろ／よ | 起きる | 起きろ／よ | 遅れるよ！早く起きろ（起きる）！ |
| | | 寝る | 寝ろ／よ | 夜中にテレビゲームをしていたら、父に早く寝ろ（寝る）と怒られました。 |
| 三类动词 | 「する」变成「しろ／せよ」 | 勉強する | 勉強しろ／せよ | 勉強しろ（勉強する）と言われるとかえってしたくなくなる。 |
| | 「来る」变成「来（こ）い」 | 来（く）る | 来（こ）い | おい、ぼうっとしていないで、コーヒーを買って来い（来る）よ。 |

（7）【动词假定形】

| | 活用规则 | 基本形 | 假定形 | 例句 |
|---|---|---|---|---|
| 一类动词 | 词尾假名变成え段假名＋ば | 言う | 言えば | 大阪と言えば（言う）、美味しいものがいっぱいあると聞いている。 |
| | | 立つ | 立てば | それがあなたの役に立てば（立つ）嬉しい。 |
| | | 読む | 読めば | 1日に10ページぐらい読めば（読む）、2ヶ月でこの本が読み終わるわけだ。 |
| 二类动词 | 去掉词尾る＋れば | 起きる | 起きれば | 明日は何時に起きれば（起きる）いいですか。 |
| | | 寝る | 寝れば | 一晩寝れば（寝る）また元気になるよ。 |
| 三类动词 | 「する」变成「すれば」 | 勉強する | 勉強すれば | 学生時代にもっと勉強すれば（勉強する）よかった。 |
| | 「来る」变成「くれば」 | 来（く）る | 来（く）れば | 寒いなめ。セーターを持ってくれば（来る）よかった。 |

（8）【动词可能形】

| | 活用规则 | 基本形 | 可能形 | 例句 |
|---|---|---|---|---|
| 一类动词 | 词尾假名变成え段假名＋る | 言う | 言える | 家賃は、関東より関西のほうが安いと言える(言う)。 |
| | | 話す | 話せる | 英語をうまく話せる（話す）ようになりたいなら、会話練習を重視してください。 |
| | | 読む | 読める | 今は日本語のニュースが普通に読める（読む）。 |
| 二类动词 | 去掉词尾る＋られる | 食べる | 食べられる | ねえ。このトマト、もう食べられる（食べる）？赤くなっているよ。 |
| | | 見る | 見られる | 会話題の映画は近くの映画館で見られる。 |
| 三类动词 | 「する」变成「できる」 | 勉強する | 勉強できる | 将来息子が日本の大学で勉強できる（勉強する）よう、来月から貯金することにした。 |
| | 「来る」变成「来（こ）られる」 | 来（く）る | 来（こ）られる | 明日、研究室の片づけに来られる（来る）？ |

（9）【动词被动形】

|  | 活用规则 | 基本形 | 被动形 | 例句 |
|---|---|---|---|---|
| 一类动词 | 词尾假名变成あ段假名＋れる（以う结尾的变成わ＋れる） | 出す | 出される | このホテルではディナーは午後6時から10時までに出される（出す）。 |
|  |  | 言う | 言われる | 熊に似ていると言われる（言う）。 |
|  |  | 読む | 読まれる | 私は姉に日記を読まれ（読む）た。 |
| 二类动词 | 去掉词尾る＋られる | 褒める | 褒められる | 私は部長に褒められ（褒め）た。 |
|  |  | 見る | 見られる | 先生に授業中スマホで遊んでいたところを見られ（見る）た。 |
| 三类动词 | 「する」变成「される」 | 輸出する | 輸出される | 日本の車はいろいろな国へ輸出される（輸出する）。 |
|  | 「来る」变成「来（こ）られる」 | 来（く）る | 来（こ）られる | 忙しい時、友達に来られ（来る）て困った。 |

（10）【动词使役形】

|  | 活用规则 | 基本形 | 使役形 | 例句 |
|---|---|---|---|---|
| 一类动词 | 词尾假名变成あ段假名＋せる（以う结尾的变成わ＋せる） | 書く | 書かせる | 先生はときどき学生にレポートを書かせる（書く）。 |
|  |  | 言う | 言わせる | 専門家に言わせる（言う）と、登山もスキーも危険なものではないそうだ。 |
|  |  | 読む | 読ませる | 子どもにこんな本を読ませる（読む）のが悪い。 |
| 二类动词 | 去掉词尾る＋させる | 食べる | 食べさせる | 羊に草を食べさせる（食べる）。 |
|  |  | 寝る | 寝させる | 赤ん坊に子守唄を聞かせて寝させる（寝る）。 |
| 三类动词 | 「する」变成「させる」 | 勉強する | 勉強させる | 子供に勉強させる（勉強する）方法を教えて！ |
|  | 「来る」变成「来（こ）させる」 | 来（く）る | 来（こ）させる | あなたを日本に来させる（来る）動機は何ですか。 |

（11）【动词使役被动形】

|  | 活用规则 | 基本形 | 使役被动形 | 例句 |
|---|---|---|---|---|
| 一类动词 | 词尾假名变成あ段假名＋せられる→される（以す结尾的不省略，为～させられる） | 歌う | 歌わされる | カラオケが苦手なのに、部長に無理矢理に歌わされ（歌う）た。 |
|  |  | 書く | 書かされる | 彼は警察に住所、氏名を書かされ（書く）た。 |
|  |  | 出す | 出させられる | 先生にレポートを出させられる（出す）。 |
| 二类动词 | 去掉词尾る＋させられる | 食べる | 食べさせられる | ピーマンが嫌いなのに、体にいいからいつも母に食べさせられる（食べる）。 |
|  |  | 起きる | 起きさせられる | 毎日6時に母に起きさせられる（起きる）。 |
| 三类动词 | 「する」变成「させられる」 | 勉強する | 勉強させられる | こんなに勉強させられ（勉強する）たら病むでしょう。 |
|  | 「来る」变成「来（こ）させられる」 | 来（く）る | 来（こ）させられる | 参加したくないパーティーに来させられ（来る）た。 |

## 2. 形容词、形容动词活用

（1）【形容词时态变化】

|  | 时态 | 敬体 | 简体 |
|---|---|---|---|
| 形容词 | 现在肯定 | 暑いです | 暑い |
|  | 现在否定 | 暑くないです／暑くありません | 暑くない |
|  | 过去肯定 | 暑かったです | 暑かった |
|  | 过去否定 | 暑くなかったです／暑くありませんでした | 暑くなかった |

（2）【形容动词时态变化】

|  | 时态 | 敬体 | 简体 |
|---|---|---|---|
| 形容动词 | 现在肯定 | 静かです | 静かだ |
|  | 现在否定 | 静かではありません | 静かではない |
|  | 过去肯定 | 静かでした | 静かだった |
|  | 过去否定 | 静かではありませんでした | 静かではなかった |

（3）【形容词／形容动词中顿形】

|  | 变形规则 | 基本形 | 中顿形 | 例句 |
|---|---|---|---|---|
| 形容词 | 形容词词干＋くて | 暑い | 暑くて | 東京は暑くて（暑い）人が多いです。 |
| 形容动词 | 形容动词词干＋で | 静かだ | 静かで | 彼は静かで（静か）おとなしいです。 |

（4）【形容词／形容动词修饰形】

|  |  | 活用规律 | 基本形 | 修饰形 | 例句 |
|---|---|---|---|---|---|
| 修饰名词 | 形容词 | 形容词基本形＋名词 | 暑い | 暑い | 暑い（暑い）天気が続いている。 |
|  |  | 形容词过去时＋名词 | 激しい | 激しかった | 激しかった（激しい）雨が止んだ。 |
|  | 形容动词 | 形容动词词干＋な＋名词 | 静かだ | 静かな | 静かな（静かだ）町が好きです。 |
|  |  | 形容动词词干＋だった／で（は）ない＋で（は）なかった＋名词 | 好きだ | 好きだった | 好きだった（好きだ）彼のことがどうしても忘れられない。 |
| 修饰动词 | 形容词 | 形容词词干＋く＋动词 | 大きい | 大きく | 字をもっと大きく（大きい）書いてください。 |
|  | 形容动词 | 形容动词词干＋に＋动词 | きれいだ | きれいに | キャンパスをきれいに（きれいだ）掃除する。 |

（5）【形容词／形容动词名词化】

|  | 活用规则 | 基本形 | 名词化 | 例句 |
|---|---|---|---|---|
| 形容词 | 形容词词干＋さ | 高い | 高さ | 背の高さ（高い）が1メートル80センチある。 |
| 形容动词 | 形容动词词干＋さ | 大切だ | 大切さ | 結婚してはじめて家庭の大切さ（大切だ）を身に染みて感じた。 |

## 六、必备句型 100 条

1.「いくら～ても」

【接续】いくら＋名词／形容动词词干＋でも／形容词词干＋くて／动词て形＋も

【语义】无论多么……都……，无论……也……

【例句】ほしいものはいくら高くても、買います。

　　　　（想要的东西不管多贵都买。）

## 2.「～以上（は）」

【接续】名词＋である／动词简体形＋以上（は）

【语义】"既然……就……"。

【例句】学生である以上は、しっかり勉強すべきだ。

　　　　（既然是学生，就应该好好学习。）

【注意】「～以上（は）」后面多接表示相应的义务、决心、劝诱、希望等内容，如「～な
　　　　ければならない／べきだ／つもりだ／たい」等。

## 3.「～一方だ」

【接续】动词基本形＋一方だ

【语义】表示事物朝着某一方向不断发展，"越来越……""不断地……"。

【例句】病状が悪化する一方だ。

　　　　（病情正在恶化。）

## 4.「～上で」

【接续1】名词＋の／动词基本形＋うえで

【语义1】在……方面；在……时候；从……来看；在……过程中。

【例句1】仕事の上で特に面倒くさいのは同僚との付き合いです。

　　　　（在工作上，最烦的就是和同事之间的交往。）

【接续2】名词＋の／动词た形＋うえで、～。

【语义2】在……之后。

【例句2】進学のことは先生と相談した上で決めたい。

　　　　（升学的事情，我想同老师商量后再作决定。）

## 5.「～上に」

【接续】名词＋である／だった／であった＋うえに

　　　　形容动词词干＋な＋うえに

形容词简体形／动词简体形＋うえに

【语义】不仅……而且……。表示在某种状态或发生了某事的基础上，有了更进一步的后项事物。

【例句】このレストランは値段が安いうえに、サービスもいい。

（这家餐厅不仅价格便宜，而且服务好。）

【注意】「～うえに」的前后项必须是同一性质的。

## 6.「～上は」

【接续】名词＋である／动词简体形＋上（は）

【语义】既然……就……，表示既然要做或已经做了某事，就必须采取后项行动。语义与「～以上は」「～からには」相近。

【例句】仕事を引き受けた上は、やるしかない。（既然接受了这份工作，就只能做了。）

## 7.「～おきに」

【接续】名词＋おきに

【语义】"每隔……"。表示均等的时间或距离的间隔。

【例句】この薬は4時間おきに飲んでください。（这种药请每4小时服一次。）

【注意】（1）前接分钟（分）、小时（時間）、米（メートル）等词语时，表示"每……分钟、每……小时、每……米"。

（2）前接"日、周、月、年"等时，「一日おきに／一週間おきに／一ヵ月おきに／一年おきに」表示"每隔1天、每隔1周、每隔1个月、每隔1年"。

## 8.「～に限る／に限って／に限り」

【接续】 名词／动词基本形・否定形＋に限る／に限って／に限り

【语义1】"最好……""……再好不过了"。表示说话者认为某事物是最好的。

【例句1】寒い冬は鍋に限る。

（寒冷的冬天火锅是最好的。）

【语义2】"只限于……""只有……"。表示限定。

【例句2】本日に限って半額になります。

（只有今天是半价。）

【语义 3】"偏偏……"。表示不凑巧或偏偏在某个时候或场合发生了说话人不期待发生的

　　　　　事情。

【例句 3】傘を持ってきていない時に限って、大雨が降り出した。

　　　　　（偏在我没带伞的时候下起了大雨。）

## 9.「～からといって」

【接续】名词 + だ / 形容动词词干 + だ / 形容词简体形 / 动词简体形 + からといって、～

【语义】否定"从现在的状况或表达内容中引出必然结果"，可译为"不能因为……就

　　　　……""虽然……那也不能……"。

【例句】親だからといって、勝手に子どもの部屋に入ってはいけない。

　　　　（就算是父母，也不能随便进孩子房间。）

## 10.「～かわりに」

【接续】名词 + の / 动词简体形 / 形容词简体形 / 形容动词词干 + な + かわりに～

【语义】表示代替某人做某事或前后两件事（状态）相互抵消，构成对立语义。"代替……"

　　　　"虽然……，但相应地……"。

【例句】社長のかわりに、副社長が会議に出る予定です。

　　　　（副社长将代替社长参加会议。）

　　　　このアパートは、駅に近いかわりに、家賃が高い。

　　　　（这个公寓虽然离地铁站很近，但是房租很贵。）

## 11.「～きっかけ」

【接续 1】名词 + を + きっかけに（して）

【语义 1】表示有意识地把某件事作为开始做某事的契机。"以……为契机……"。

【例句 1】京都への旅行をきっかけに、日本文化に興味を持つようになった。

　　　　　（我以去京都旅行为契机，开始对日本文化感兴趣了。）

【接续 2】名词 + が + きっかけで、～。

【语义 2】客观描述某件事是某人开始做某事的契机。"……是开始……的契机"。

【例句 2】野球の試合を観戦したことがきっかけで、プロ野球の道を選んだ。

　　　　　（我因为现场观看了棒球比赛，便以此为契机选择了职业棒球的道路。）

### 12.「～くらい／ぐらいなら」

【接续】名词／动词基本形＋くらい／ぐらいなら

【语义】"要是……还不如……"。表示说话人认为与其做「ぐらいなら」的前项事情，不如采取其他行动。

【例句】この距離くらいなら、歩いて行った方がはやい。

（就这点距离的话，走着去更快。）

### 13.「～こと」

【接续】动词基本形／否定形＋こと

【语义】"要……"／"不要……"。表示书面规定。

【例句】使用後よく片付けること。

（使用后请收拾整齐。）

### 14.「～ことか」

【接续】形容动词词干＋な（である）／形容词简体形／动词简体形／疑问词＋ことか

【语义】表示程度之甚令人感慨或惊讶。可译为"多么……啊"。

【例句】一人で映画を見に行くなんて、どんなに退屈なことか。

（一个人去看电影多无聊啊！）

【注意】常与「どんなに」「どれほど」「どれだけ」等搭配使用。「～ことか」可与表示感叹的「～ことだろう」互换。

### 15.「～ことがある」

【接续1】动词基本形／否定形＋ことがある／こともある

【语义1】"有时……""有时不……"。表示有时发生某事。

【例句1】たまに遅刻することがある。

（偶尔会迟到。）

【注意】 常和「たまに（偶尔）／時々（有时）」等搭配使用；不能用于发生频率高的事情上。

【接续2】动词「た形」＋ことがある

【语义2】"……过"，表示曾经历过某事。「～たことがない」意为"不曾……"。

【例句2】富士山にはまだ登ったことがありません。

（我还没有登过富士山。）

## 16.「～ことだ」

【接续】动词简体形 + ことだ

【语义】表示忠告和建议。"最好……""应该……"。

【例句】痩せたかったら、食事の量を控えることだ。

　　　　（想瘦的话最好控制食量。）

【注意】（1）「ことだ」是说话人针对某一个别事物提出具体的建议或忠告。

　　　　（2）「ものだ」是说话人针对某一事物提出关于其普遍特性或本质特点的主张。

## 17.「～ことだから」

【接续】人物名词 + の + ことだから

【语义】表示说话人从某种特质或人尽皆知的理由进行推测、判断。

【例句】時間に厳しい彼女のことだから、絶対遅刻しないと思う。

　　　　（我认为一向很守时的她绝对不会迟到。）

## 18.「～ことに」

【接续】情感类形容动词词干 + な / 情感类形容词基本形 / 动词た形 + ことに

【语义】表示说话人开门见山地表明自己的情感。"令人……的是……"。

【例句】驚いたことに、あの人は離婚しました。

　　　　（令人惊讶的是，那个人离婚了。）

【注意】多用于书面语。常见搭配有「悔しいことに」「ありがたいことに」「不思議なことに」等。

## 19.「～ことにする」

【接续】动词原形 / 否定形 + ことにする

【语义】表示下决心选择做某事，即主观决定做某事。"决定……"。

【例句】タバコをやめることにしました。

　　　　（我决定戒烟。）

### 20.「～ことになる」

【接续】动词基本形／否定形＋ことになる

【语义】表示事态发展的客观趋势，不受主观意志左右，变成某种局面或结果。可译为"确定了……""……定下来了"。

【例句】今年の誕生日も友達と映画を見に行くことになるでしょう。

（今年生日应该还是和朋友去看电影吧。）

【注意】「～ことになっている」表示规定要遵守或约定俗成的习惯。

日本では左側通行ということになっています。

（日本规定左侧通行。）

### 21.「～ことはない」

【接续】动词基本形＋ことはない

【语义】"不必……"，表示忠告和建议。

【例句】もう十分な準備をしておいたから、焦ることはないよ。

（已经做了万全的准备，所以不用着急。）

### 22.「～ごとに」

【接续】名词／动词基本形＋ごとに

【语义】表示"反复发生的事件的每一次"。"每……"。

【例句】ワールドカップは4年ごとに行われています。

（世界杯每4年举办一次。）

【注意】一般情况下可与「动词基本形＋たびに」互换。

### 23.「～さえ～ば」

【接续】名词＋さえ～ば

名词＋格助词＋さえ～ば

形容词词干＋くさえあれば、～

形容动词词干＋でさえあれば、～

动词连用形（ます形／て形）＋さえすれば、～

【语义】表示最低条件。可译为"只要……就……"。

【例句】きみさえそばにいてくれれば十分です。

（只要你在我身边就够了。）

この薬を飲みさえすれば、風邪が治る。

（只要吃了这种药，感冒就会好。）

## 24.「たとえ～ても」

【接续】たとえ＋名词で／形容动词词干＋で／形容词词干＋くて／动词て形＋も～

【语义】表示让步，可译为"即使……也……""哪怕……也……"。

【例句】たとえ多くの人に反対されても、諦めません。

（就算被再多人反对，我也不放弃。）

## 25.「～たびに」

【接续】名词＋の／动词基本形＋たびに

【语义】"每……都……"。表示每当某件事情发生时，总是伴随着后项事态。

【例句】この写真を見るたびに、故郷を思い出します。

（每当看到这张照片，我就会想起故乡。）

## 26.「～ために」

【接续1】名词＋の／动词基本形＋ために

【语义1】"为了……"，表示目的。

【例句1】自分のために、しっかり勉強しています。

（为了自己，我在努力学习。）

【注意1】（1）前后主语一致。

　　　　（2）表示目的时，后项不能接评价类内容。

【接续2】名词＋の／形容动词词干＋な／形容词简体形／动词简体形＋ため（に）

【语义2】"由于……"。表示某一客观原因导致某个结果。

【例句2】悪天候のため、電車が止まりました。

（由于天气恶劣，电车停运了）

【注意2】后项只能接已经发生的客观事实。

### 27.「～だけに」

【接续】名词／形容动词词干＋な／形容词简体形／动词简体形＋だけに

【语义】"正因为……"。

【例句】自分の息子だけに、お父さんはかえって傷つけることを言ってしまうことがある。

（正因为是自己的儿子，所以有时候爸爸反而会说一些伤人的话。）

### 28.「～だけでは」

【接续】名词／形容动词词干＋な／形容词基本形／动词基本形＋だけでは

【语义】"光……的话，是不能……的"。表示只做前项的话，很难出现期待的结果。

【例句】このぐらいの時間だけでは準備できない。

（就这点时间的话，根本不够准备。）

【注意】文末一般是否定形式。

### 29.「～だらけ」

【接续】名词＋だらけ

【语义】"全是……""净是……"。表示充满了某物，到处都是某物。

【例句】うっかりして転んで、彼は泥だらけだ。

（他不小心摔倒了，浑身是泥。）

【注意】多用于不好的事物。固定搭配有「借金だらけ」「間違いだらけ」「埃だらけ」「血だらけ」等。

### 30.「～て以来」

【接续】动词て形＋以来

【语义】"自从……以来"。表示自过去发生某件事之后，到现在一直保持某种状态。

【例句】大学に入って以来、毎日頑張っている。

（自从上大学以来，我每天都很努力。）

【注意】不能用于发生不久的事情。

### 31.「～てからでないと」

【接续】动词て形＋からでないと、～

【语义】表示前项是后项实现的条件。可译为"如果不先……就不……"。

【例句】担任の先生に会ってよく話を伺ってからでないと、進学のことがなかなか決められない。（如果不好好向班主任咨询的话，就无法决定升学的事情。）

【注意】可换为「〜てからでなければ、〜」。

## 32.「〜てしかた（が）ない」

【接续】形容词词干＋くて/形容动词词干＋で/（表示心理状态的动词或动词短语）て形＋しかたがない

【语义】"……得不得了""太……""禁不住……"。

【例句】亡くなったペットのことを思い出すたびに、辛くて仕方がない。

（每次想起去世的宠物，我都难过得不行。）

【注意】（1）其口语表达方式为「〜てしょうがない」。

（2）可表示内心的强烈情感、生理上的感觉或事物的特点带给人的感觉、印象。

## 33.「〜てならない」

【接续】形容词词干＋くて/形容动词词干＋で/（表示心理状态的动词或动词短语）て形＋てならない

【语义】"太……""禁不住……""……得不得了"。

【例句】試験に合格したことが嬉しくてならない。

（我考试及格了，太高兴了。）

【注意】（1）只能用于表示说话人的心理活动和生理感觉。

（2）用于说话人（第一人称）。若用于其他人称，要在句尾加上「ようだ、そうだ、らしい、のだ」等表示推量、样态、传闻和事实确认的表达。

（3）表示说话人自然而然产生的心理和生理感觉，常与「気がする・思える・気になる」等动词搭配使用。

## 34.「〜てたまらない」

【接续】形容词词干＋くて/形容动词词干＋で/（表示心理状态的动词或动词短语）て形＋たまらない

【语义】表示内心情感、生理感觉（疼痛等）太……了，几乎到了无法忍受的程度。

【例句】ここには暖房がないので、冬になると寒くてたまらない。

　　　　（这里没有供暖，到了冬天冷得不行。）

【注意】只表示说话人的内心活动和疼痛等生理感受。

### 35.「～てはじめて」

【接续】动词て形＋はじめて

【语义】"……以后，才……"。表示发生了前项事态后，才能实现后项。

【例句】コーチに注意されてはじめて、自分の姿勢の間違いに気づいた。

　　　　（被教练提醒之后，我才注意到自己姿势的错误。）

【注意】常见搭配有「～てはじめて、～が分かる / 分かった」（……之后，才能明白 / 才明白了……）、「～てはじめて、～できる / できた」（……之后，才能……）等。

### 36.「～てほしい」

【接续】A は / が B に＋动词て形＋ほしい

【语义】表示"A 希望 B 做某事"。

【例句】いっぱいのことをやって、友達に幸せになってほしいのです。

　　　　（我做了很多事情，希望朋友能幸福。）

【注意】若主语是第二或第三人称，不能直接用"てほしい"，而要用疑问、推测等形式。

### 37.「～ということだ / とのことだ」

【接续1】句子简体形 ＋ということだ / とのことだ

【语义1】"听说……"。表示传闻，相当于「～そうだ」。常与「～の話では」「～によると」搭配使用，意为"据……说，……"。

【例句1】田中さんの話では、昨日のパーティーはとても面白かったとのことです。

　　　　（听田中说，昨天的派对非常有趣。）

【接续2】名词 / 动词基本形＋ということだ

【语义2】"也就是说……"。表示对某种情况加以解释、推测或得出结论。

【例句2】夜になると、千円の定食が半額になるということは、500円で購入できるということだ。

　　　　（到了晚上，1000 日元的套餐半价了，也就是说 500 日元就可以买到了。）

## 38.「～というより～（むしろ）」

【接续】名词／形容动词词干／形容词、动词简体形 + というより

【语义】表示比起前项，后项更为准确、妥当。"与其说……不如说……"。

【例句】単純というより、馬鹿なのだ。

（与其说是单纯，不如说是傻。）

## 39.「～と言われている」

【接续】句子简体形 + といわれている

【语义】"据说……""一般认为……"。表示普遍的看法或评价。

【例句】東京は日本で一番交通の発達した都市だと言われています。

（据说东京是日本交通最发达的城市。）

【注意】一般情况下可以与「とされている」互换。

## 40.「～といっても」

【接续】名词／形容动词词干／形容词、动词简体形 + といっても

【语义】表示转折，"虽说……但是……"。

【例句】足が痛いといっても、散歩ぐらいはできる。

（虽说脚痛，但散步还是可以的。）

【注意】也可单独作为接续词使用。

## 41.「～たところ」

【接续】动词た形 + ところ、～

【语义】顺接，表示前句是后句的偶然契机。前后句都是已经发生的事实，二者没有必然的因果关系。

【例句】親に自分一人でタイへ旅行したいと言ったところ、全然納得してくれなかった。

（我告诉父母想自己一个人去泰国旅游，他们完全不同意。）

一ヶ月間ヨガを続けたところ、姿があまり変わらなかった。

（我连续一个月练习瑜伽，身材却没怎么有变化。）

【注意】后项对前项的主语而言，可以是意料之中，也可以是意料之外。

## 42.「～ところだ」

【接续】动词基本形／动词ている／动词た形＋ところだ

【语义】「动词基本形＋ところだ」表示动作或变化即将开始，可译为"即将……"。

「动词ている＋ところだ」表示动作正在进行，可译为"正在……"。

「动词た形＋ところだ」表示动作或变化刚刚结束，可译为"刚刚……"。

【例句】A：すみません、今、空いていますか？ちょっと話したいんだけど。

B：ごめんなさい。今、電話しているところです。後にしよう。

（A：打扰了，我现在有空吗？想跟你聊聊。）

（B：不好意思，我现在正好在打电话。后面再说吧。）

【注意】「动词た形＋ところだ」与「动词た形＋ばかりだ」语义相近。区别如下：

「动词た形＋ところだ」表示主语或说话人仍处在当下的场景中；「动词た形＋ば
かりだ」没有"必须处在当下场景"的这一限制，表示的时间跨度更大。

## 43.「～ところだった」

【接续】动词基本形＋ところだった

【语义】表示过去某个时间点差一点就要发生某事。"几乎……""差点就……"。

【例句】山を登る時、足が滑って、もうすこしで転ぶところだった。

（上山的时候，脚下打滑了，差点摔倒。）

## 44.「～ところを」

【接续】动词基本形／动词た形／动词ている＋ところを

【语义】"正在……时"。表示处于某状态时发生了另一件事情，前述状态因此被制止或受
到阻碍。

【例句】会議中居眠りをしているところを課長に見られた。

（开会打盹儿被科长看见了。）

【注意】（1）后续动词常是「見られる」「見つけられる」「発見される」等表示"看见"或"发
现"意义的词，或是「捕まる」「捕まえられる」「呼び止められる」等含有制止、
阻碍意义的词。

（2）「ところを」前接形容词连体形或「名词＋の」，后接寒暄语，构成惯用表达。
ご多忙のところを／お忙しいところを申し訳ありません。

（百忙之中打扰您，非常抱歉。）

## 45.「～としても」

【接续1】名词＋としても

【语义1】"作为……也……"，表示从某个立场、角度看也是如此。

【例句1】青木さんは俳優だけでなく、歌手<u>としても</u>有名です。

　　　　（青木女士不仅作为演员很出名，作为歌手也非常出名。）

【接续2】名词・形容动词词干（＋だ／である）/形容词简体形/动词简体形＋としても

【语义2】"即便作为……的身份，也……""即便发生了……，也……"。

【例句2】寒い<u>としても</u>、マラソン大会は行われます。

　　　　（就算冷，也会举行马拉松比赛。）

## 46.「～とともに」

【接续】　名词/动词基本形＋とともに

【语义1】"……的同时……"。表示后项随着前项变化而变化（缓慢的变化）。

【例句1】最近、上海では人口の増加<u>とともに</u>、交通問題がますます厳しくなってきた。

　　　　（最近，随着上海人口的增加，交通问题越来越严峻了。）

【语义2】"……的同时……"。表示前项变化的同时后项随即（几乎同时）发生变化（瞬间短暂的或者渐进的变化）。

【例句2】台風の発生<u>とともに</u>洪水が出ることがあるらしい。

　　　　（发生台风的同时，好像有时候也会发生洪水。）

【注意】　（1）属于书面语。

　　　　（2）前接表示人或机构组织的名词，表示"和……一起……"。

　　　　彼は兄<u>とともに</u>イギリスで留学したことがある。

　　　　（他有和哥哥一起在英国留学的经历。）

## 47.「～ながら」

【接续1】动词ます形＋ながら、～

【语义1】"一边……一边……"。表示两个动作同时进行。

【例句1】電話で話し<u>ながら</u>運転するのは危ないです。

（边打电话边开车很危险。）

【注意1】（1）后项是主要动作，前项是描述后项动作样态时的次要动作。两者位置不能轻易调换。

（2）此句型前后主语须保持一致。

【接续2】动词ます形＋ながら（も）、～

【语义2】"虽然……但是……"，表示转折。

【例句2】この図書館は都心から離れていながらも静かだ。

（这个图书馆虽然离市中心远，但是安静。）

## 48.「～において」

【接续1】表示场所／时间／状况的名词＋において、～

【语义1】相当于「场所名词／时间名词／状况名词＋で」的用法，表示在某地、某时或某场合、领域。

【例句1】来週、中国の厦門においてマラソン大会が開かれる予定です。

（计划下周在中国厦门举办马拉松大赛。）

【接续2】表示场所／时间／状况的名词＋における＋名词

【语义2】相当于「名词＋において」的定语形式，后接名词。可译为"在……的……"。

【例句2】近年、各企業は自動車市場における競争が激しくなる一方です。

（近年来，各个企业在汽车市场的竞争越来越激烈。）

【注意】 用于书面语和郑重表达。

## 49.「～に応じて／に応じた」

【接续】名词＋に応じて／に応じた

【语义】表示"响应……""根据……"。

【例句】政府は住民の要望に応じて公共施設を変えていく。

（政府根据居民的要求改变公共设施。）

## 50.「～にかけては」

【接续】名词＋にかけては

【语义】"在……方面"，表示说话者对某人在某方面能力的最高评价。

【例句】王さんはコーヒーにかけては誰よりも詳しい。

　　　　　（在咖啡方面小王比谁都了解。）


## 51.「～に比べて / に比べると」

【接续】名词 / 动词简体形 + の + に比べて / に比べると

【语义】"与……相比，……"。

【例句】田舎で暮らすのに比べると、大都市で送るほうが便利だ。

　　　　　（与在乡下相比，在大城市生活更便利。）


## 52.「～に加えて」

【接续】名词 / 形容动词词干 + なの / 形容词、动词基本形 + の + に加えて

【语义】表示在某事物上累加，"再加上……""而且……"。

【例句】最近は卒業論文に加え、就活活動もあるので大変だよ。

　　　　　（最近，除了要写毕业论文，还要参加求职活动，很辛苦。）


## 53.「～にしたがって / にしたがい」

【接续】サ变动词词干 / 动词原形 + にしたがって / にしたがい、～

【语义】"随着……"。表示后项跟随前项发生变化。

【例句】年を取るにしたがって体がだんだん不自由になってきた。

　　　　　（随着年龄的增长，身体渐渐变得不听使唤了。）

【注意】（1）「～。したがって（したがい）、～。」表示原因。

　　　　　この品は手作りだ。したがって、値段が高い。

　　　　　（这是手工做的，所以很贵。）

　　　　　（2）「名词 + にしたがって」一般写成「に従って」，"按照……""根据……"
　　　　　"服从……"。

　　　　　会社では、上司の指示にしたがって行動すできだ。

　　　　　（在公司应该按照上司的指示行动。）


## 54.「～にしては」

【接续】名词 / 形容动词词干 / 形容词、动词简体形 + にしては

【语义】表示评价基准，后项评价与根据前项作出的判断不同，"就……而言算是……"。

【例句】初めて作った料理にしては、よくできましたよ。

　　　　　（作为第一次做的菜，已经很好了。）


## 55.「～にしても」

【接续】名词／形容动词词干／形容词、动词简体形＋にしても

【语义】表示让步、转折，与「ても／でも」意思相近。"即使……也……"。

【例句】その器は偽物にしても本物みたいだ。

　　　　　（那个容器就算是赝品也太像真的了。）


## 56.「～にすぎない」

【接续】名词／形容动词词干／形容词、动词简体形＋にすぎない

【语义】表示不超过某种程度、范围，含"这并不重要"的轻视语气，"不过是……"。

【例句】フランス語が話せるといってもいくつかの単語が話せるにすぎない。

　　　　　（虽然说会说法语，但也不过是会说几个单词而已。）


## 57.「～に対して」

【接续1】名词＋に対して

【语义1】"对……""向……"。表示针对或面向某对象进行某动作。

【例句1】親に対してそんなことを言ってはいけません。

　　　　　（不能对父母讲那样的话。）

【注意】　可以「名词＋に対する」或「名词＋に対しての」的形式作定语修饰名词。

【接续2】名词＋に対して

【语义2】"每……""比例是……"。

【例句2】このテストは10人に対して、3人の割合で合格する。

　　　　　（这门考试每10人中有3人及格。）

【接续3】名词／形容动词词干＋な＋の／形容词简体形＋の／动词简体形＋の＋に対して

【语义3】"与……相反""而……"，表示对比。

【例句3】妹は成績がいいのに対して、姉は成績があまりよくない。

　　　　　（妹妹成绩好，而姐姐成绩不是很好。）

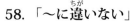

**58.「～に違<ruby>違<rt>ちが</rt></ruby>いない」**

【接续】名词（である）/形容动词词干（である）/形容词、动词简体形 + に違いない

【语义】"一定是……"。表示说话人作出十分肯定的判断。

【例句】これは事実であるに違いない。

（这一定就是事实。）

【注意】多用于书面语。口语中多使用「～に決まっている」。

**59.「～につれて」**

【接续】サ变动词词干 / 动词基本形 + につれて、～

【语义】表示后项随着前项变化而变化。可译为"随着……"。

【例句】気温が下がるにつれて、手袋の売れ行きが良くなっている。

（随着气温降低，手套的销售行情正在变好。）

**60.「～に<ruby>伴<rt>ともな</rt></ruby>って」**

【接续】サ变动词词干 / 动词基本形 + の + にともなって

【语义】"随着……"。表示后项随着前项变化而变化（逐渐慢慢变化，不能是瞬间性的）。

一般用于规模较大的事件，不用于个人的生活琐事，是书面语。

【例句】経済の発展にともなって、われわれの生活はだんだん豊かになってきた。

（随着经济发展，我们的生活也逐渐富裕起来了。）

**61.「～には」**

【接续】动词基本形 + には

【语义】"要想……就得……"。表示要想达到前项目的，需要后项条件或说话人的建议。

【例句】日本語を勉強するには、しっかり単語を覚えなければならない。

（要学日语就必须好好背单词。）

【注意】后项多为陈述必要条件或提出建议，不能用含有命令、祈使语气的表达。

**62.「～に<ruby>向<rt>む</rt></ruby>かって」**

【接续】名词 + に向かって

【语义】"面对……""朝向……"。

【例句】夢に向かって頑張っている。

（正在朝着梦想努力。）

## 63.「～にもかかわらず」

【接续】名词（＋である）/ 形容动词词干＋である / 形容词、动词简体形＋にもかかわらず

【语义】"虽然……但是……""尽管……却……"。表示按照前项内容预测，后项应为事态A，但实际出现的是与事态A相反的事态B。

【例句】朝から強風にもかかわらず、花は散らなかった。

（虽然一早就开始刮大风，但是花却没有凋谢。）

【注意】其他形式：「～。にもかかわらず、～。」「～。それにもかかわらず、～。」。

## 64.「～に基づいて」

【接续】名词＋に基づいて

【语义】表示后项以前项为基础，"根据……""基于……"。

【例句】収集したデータに基づいて分析する。

（基于收集的数据分析。）

## 65.「～によると / によれば」

【接续】名词＋によると / によれば

【语义】表示传闻或推测的来源，"根据……""按照……"。

【例句】天気予報によると、明日は大雨だそうです。

（据天气预报说明天下大雨。）

【注意】常与表示传闻的「そうだ / ということだ / とのことだ / らしい / だろう」搭配使用。

## 66.「～によって」

【接续1】名词＋によって

【语义1】"根据……""通过……"。表示根据。

【例句1】面接試験の成績によって合否を決める。

（根据面试成绩决定是否合格。）

【接续2】名词＋によって

【语义2】"通过……""凭借……"。表示手段。

【例句2】ロボットによって車を生産する。

　　　　　（用机器人造车。）

【接续3】名词＋によって

【语义3】"因为……而……"。表示前项的客观原因造成了后项的结果。

【例句3】地震によって、津波が起きた。

　　　　　（由于地震，引发了海啸。）

【注意3】表示原因时，后项多为已发生的结果，不能是推测、命令、劝诱等内容。

【接续4】名词＋によって

【语义4】"被……""由……"。表示动作的主体，一般用在被动句中。

【例句4】いつの時代でも若者によって、新しい流行が作り出される。

　　　　　（无论哪个时代，都是由年轻人引领潮流。）

【注意4】此时，后项动词多是「書く、作る」等表示创造出某物的词。

【接续5】名词＋によって

【语义5】"根据……（而不同）"。表示因前项不同而导致不同结果，后项常和「～違う／異なる」等搭配使用。

【例句5】料金は店によって違います。

　　　　　（收费因店而异。）


## 67.「～にわたって」

【接续】（表示时间或空间范围的）名词＋にわたって

【语义】表示某事件持续的时间或波及的范围，形容其时间之久、范围之广。

【例句】今度のセミナーは3日間にわたって行われるそうです。

　　　　　（听说此次研讨会将举行3天。）


## 68.「～のは～からだ／ためだ／おかげだ／せいだ」

【接续】句子简体＋のは～からだ／ためだ／おかげだ／せいだ

【语义】"之所以……是因为……"。

【例句】最近野菜が値上がりしているのは天候不順のせいです。

　　　　　（最近蔬菜价格上涨都怪气候反常。）

【注意】（1）「ため」表示客观原因，后句客观陈述结果，「から」表示主观情感强烈。

（2）「おかげ」表示积极原因，「せい」表示消极原因。

## 69.「～はずだ」

【接续】 名词＋の/形容动词词干＋な/形容词简体形/动词简体形＋はずだ

【语义1】表示说话人按照一定逻辑作出推测判断，"（按理来说）应该……"。

【例句1】お知らせに地図があるから、会議の場所が分かるはずです。

（因为通知上有地图，所以应该知道会议场所。）

【语义2】「动词た形＋はずだ」表示说话人对过去记忆的确信，"（我记得）的确……"。

【例句2】そのこと、彼に教えたはずだ。

（我记得那件事情告诉过他了。）

## 70.「～はずがない」

【接续】名词＋の/形容动词词干＋な/形容词、动词简体形＋はずがない

【语义】表示说话人对事态发生可能性的否定性推测，或对已发生事实的强烈疑惑与不解。"没有……的可能""不可能……"。

【例句】その事情が知らない人が、わたしの決定を納得できるはずがない。

（不知道情况的人，不可能接受我的决定。）

【注意】有时以「～はずはない」「そんなはずはない」的形式出现。

## 71.「～はもちろん～も」

【接续】名词＋はもちろん、名词＋も

【语义】"不仅前项理所当然，后项也……""……自不必说，……也不在话下"。

【例句】兄は料理がすきで、日本料理はもちろん、中華料理もよく出来た。

（哥哥喜欢做菜，日本菜自不必说，中国菜也会做。）

## 72.「～反面」

【接续】名词＋である/形容动词词干＋な/形容词简体形/动词简体形＋反面

【语义】表示同一事物的两个对立面，"另一方面……"。

【例句】このアパートが静かな反面、都心から離れている。

（这个公寓很安静，但另一方面，离市区很远。）

## 73.「～ば～ほど」

【接续】动词「ば」形、同一动词基本形＋ほど

形容词词干＋ければ、同一形容词基本形＋ほど

形容动词词干＋なら（ば）、同一形容动词词干＋な＋ほど

形容动词词干／名词＋であれば、同一形容动词词干／名词＋である＋ほど

【语义】表示随着前项变化，后项也跟着变化，"越……越……"。

【例句】日本語を勉強すればするほど上達になっていく。

（日语越学越进步。）

【注意】单独使用「ほど」也可表达同样的意思。

緊張するほど、トイレに行きたくなる。（越紧张越想去厕所。）

## 74.「～ばかりか」

【接续】名词／形容动词词干＋な・である／形容词基本形／动词简体形＋ばかりか

【语义】表示前后事项递进，先说程度轻的，再表达还有程度更高的。可译为"不但……，而且还……""岂止……，甚至还……"。

【例句】彼女は成績がいいばかりか、人柄もいい。

（她不仅成绩好，人品也好。）

【注意】一般情况下，可与「～ばかりでなく」互换。

## 75.「～ばかりに」

【接续】形容动词词干＋な／形容词基本形／动词简体形＋ばかりに

【语义】表示正因为某种原因而导致了不好的结果，"就因为……""只因为……"。

【例句】あいさつしたばかりか、上司に仕事を頼まれた。

（都怪我打了招呼，被上司安排了工作。）

## 76.「～ぶり」

【接续】名词＋ぶり（に／の）

【语义】一般接在时间段后，表示时隔多久再一次做某事，"时隔……又……"。

【例句】３年ぶりに再会した２人は、今年結婚しました。

（时隔３年再见面的两个人今年结婚了。）

## 77.「～べきだ」

【接续】名词・形容动词词干＋である／形容词词干＋くある／动词基本形＋べきだ

【语义】表示说话人根据自己的价值观、社会规范、一般道德、法律规定等作出的有义务性质的判断，"理应、应当做某事"。

【例句】学生はちゃんと勉強するべきだ。

（学生应该好好学习。）

【注意】（１）「する」后接「べきだ」时，「すべきだ」或「するべきだ」均可。

（２）否定形式为「べきではない」，修饰名词时直接用「べき＋名词」的形式。

## 78.「～までに」

【接续】名词／动词原形＋までに

【语义】表示在某期限前完成某事，"在……之前"。

【例句】午後３時までにメールをしてください。

（请在下午３点前发邮件。）

【注意】（１）「まで」表示在某时间之前一直持续做某事，后面一般为持续性动词。

（２）「までに」表示在某个时间前的任意时间点完成某事，后面一般用瞬间动词。

## 79.「～まま」

【接续】名词＋の／形容动词词干＋な／形容词基本形／动词た形、否定形＋まま

【语义】表示一直处于某状态或在保持某种状态的前提下做其他事。

【例句】スリッパのまま出かけました。

（穿着拖鞋就出门了。）

## 80.「～向き」

【接续】名词＋向き

【语义】表示适合某对象，"适合……"。

【例句】子供向きの読み物は何かおすすめがありますか。

（有什么适合孩子的读物推荐吗？）

## 81.「～向け」

【接续】名词＋向け

【语义】表示面向、针对某对象，"面向……""以……为对象"。

【例句】このお年寄り向けのスマホは、画面の字が大きくてとても読みやすい。

　　　　（这种面向老年人的智能手机，屏幕的字很大，方便看清。）

【注意】（1）「子供向けの本」指专门面向儿童写的书。

　　　　（2）「子供向きの本」未必是针对儿童写出来的书，其受众不限于儿童，但强调
　　　　　　　其也适合儿童。

## 82.「～もとで（に）」

【接续】名词＋の＋もとで（に）

【语义】表示处于某人、某事的影响或支配之下，"在……之下"。

【例句】彼は田中先生のもとで日本史の研究をしている。

　　　　（他在田中老师门下研究日本历史。）

## 83.「～ものか」

【接续】形容动词词干＋な／形容词基本形／动词基本形或否定形＋ものか

【语义】表示强烈否定，"怎么可能……""绝对不……"。

【例句】成績の悪い彼は試験に合格できるものか。

　　　　（成绩不好的他怎么可能合格呢？）

【注意】口语中常省略成「もんか」。

## 84.「～ものだ」

【接续】　形容动词词干＋な／形容词基本形／动词简体形＋ものだ

【语义1】表示说话人对事物本质的认知，认为其具有普遍性。"原本就……"。

【例句1】先生に会ったら、ちゃんとあいさつするものです。

　　　　（遇到老师应该要好好打招呼。）

【语义2】表示对事物的感慨，"真是……啊"。动词た形＋「ものだ」表示对过去回忆的感慨。

【例句2】この曲は小さい時よく聞いた<u>ものだ</u>。

（这首曲子我小时候经常听。）

## 85.「～ものだから」

【接续】名词・形容动词词干＋な／形容词简体形／动词简体形＋ものだから

【语义】表示原因和理由，“因为……”。

【例句】このところ忙しかった<u>ものですから</u>、メールもしないで、ごめんなさい。

（最近很忙，所以邮件也没发，对不起。）

【注意】口语中常省略成「もんだから」。

## 86.「～も～ば、～も」

【接续】名词＋も＋动词假定形／形容词假定形／形容动词词干＋なら、名词＋も

【语义】表示列举多个事物或属性，“既……又……”。

【例句】お金<u>も</u>あれば、時間<u>も</u>ある。

（既有钱又有时间。）

## 87.「～ようがない」

【接续】动词ます形＋ようがない

【语义】表示没有办法做某事，“无法……”。

【例句】この時計は直<u>しようがない</u>ようだ。

（这块手表好像没法修了。）

## 88.「～（う）／ようでは（じゃ）ないか」

【接续】动词意向形＋ではないか／じゃないか

【语义】表示邀请、提倡一起做某事，多为男性使用。

【例句】つらいことを忘れて新しい気持ちで新年を<u>迎えようではないか</u>。

（忘掉不开心的事，以全新的精神面貌来迎接新年吧！）

## 89.「～ようにする／している／した」

【接续】动词基本形／否定形＋ようにする／している／した

【语义】表示努力做到、尽量做到某事，或保持某种习惯、状态。

【例句】彼はジムに通う<u>ようにしている</u>そうだ。

　　　　（听说他一直坚持去健身房。）

【注意】「ようにする」表示"今后努力做到某事"；「ようにしている」表示"已做到某事，并且现在还在持续"，通常为说话人努力保持的习惯；「ようにした」表示"已经做到某事"。

## 90.「～ようになる／なっている／なった」

【接续】动词基本形 / 可能形 / 否定形＋ようになる／なっている／なった

【语义】表示状态、能力的变化。

【例句】よく勉強して、日本語がだんだん話せる<u>ようになった</u>。

　　　　（好好学习之后，逐渐变得能说日语了。）

【注意】「ようになる」表示"以后变得……"；「ようになった」表示"现在已经变得……"；「ようになっている」多用于机器或程序的自动化设定。

## 91.「～わけだ」

【接续】　名词＋な・である / 形容动词词干＋な / 形容词简体形 / 动词简体形＋わけだ

【语义1】放在结果后，承接前面的原因，表示该结果是理所当然的，也可表示事件由因到果的来龙去脉。"所以……""怪不得……""……这么一回事"。

【例句1】窓が全然開いていないから、暑い<u>わけだ</u>。

　　　　（窗户完全没开，怪不得热呢。）

【注意】　常和「（だ）から／ので」搭配使用。

【语义2】解释说明，意为"也就是说……，换言之……"。

【例句2】A：社長は彼に大事な仕事を任せないようです。

　　　　B：彼のことを信用していない<u>わけです</u>ね。

　　　　（A：社长好像不会把重要的工作交给他。）

　　　　（B：也就是说对他不信任啊。）

## 92.「～わけではない」

【接续】名词＋な・である / 形容动词词干＋な / 形容词简体形 / 动词简体形＋わけではない

【语义】表示否定性的解释说明，"并非……""并不是……"。

【例句】努力すれば必ず成功できるというわけではありません。

（并非只要努力就能成功。）

【注意】简体小句＋というわけではない，意为"并非……"。

## 93.「～わけがない」

【接续】名词＋な・である／形容动词词干＋な／形容词简体形／动词简体形＋わけがない

【语义】表示说话者主观上的强烈否定，根据一定的理由得出后面的结论。"不可能……""没理由会……"。

【例句】先生が昨日からご出張ですので、今研究室にいらっしゃるわけがない。

（老师昨天就去出差了，现在不可能在研究室。）

【注意】「～ない＋わけがない」构成双重否定，"不可能不……""肯定、一定……"。

## 94.「～わけにはいかない」

【接续】动词基本形／否定形＋わけにはいかない

【语义】表示因外界因素不能做某事。不能用于因自身原因或能力而不能做某事的句子。

【例句】人のものを勝手に使うわけにはいかない。

（不可以随便用别人的东西。）

【注意】「～ない＋わけにはいかない」构成双重否定，"不得不……""必须……"。

## 95.「～を込めて」

【接续】名词＋を込めて

【语义】对某事倾注某种情感，"充满……""满怀……"。

【例句】感謝の気持ちをこめて先生に手紙を書きました。

（饱含感激之情给老师写了信。）

## 96.「～を中心に／を中心として」

【接续】名词＋を中心に／を中心として

【语义】"以……为中心"。

【例句】この研究チームは田中教授を中心に研究を行っている。

（这个研究团队以田中教授为中心开展研究。）

## 97.「～を通じて/通して」

【接续】　名词＋を通じて/通して

【语义1】表示媒介、手段，"通过……"。

【例句1】この失敗を通して自分の弱点が分かった。

　　　　　（通过这次失败知道了自己的弱点。）

【语义2】表示在整个范围、期间内，常接在时间名词后。此时多用「を通じて」。

【例句2】この植物は四季を通じて花教室で使われている。

　　　　　（这种植物一年四季都会被用于插花培训。）

## 98.「～を問わず」

【接续】名词＋を問わず

【语义】表示不考虑前项情况，"不管……都……"。

【例句】この仕事は経験の有無を問わず誰でも簡単にできる。

　　　　（这项工作不论有没有经验，谁都能轻松完成。）

【注意】前面常搭配「年齢・性別・経験・職歴」等表示程度差异的名词或「有無・男女・老若・昼夜・内外・大小」等具有互为相反意义的名词。

## 99.「～をはじめ（として）」

【接续】名词＋をはじめ（として）

【语义】"以……为首""以……为代表"。

【例句】アメリカをはじめ、多くの国では「中国語ブーム」になっている。

　　　　（以美国为首，很多国家都掀起了"汉语热"。）

## 100.「～をもとに（して）」

【接续】名词＋をもとに（して）

【语义】"以……为基础""根据……"。

【例句】この小説は史実をもとに書いたものです。

　　　　（这部小说是根据史实写的。）

# 第二部分　完形新题型解题策略与九省联考试题分析

## 一、完形新题型解题策略

完形新题型（完形选择＋完形填空）是对考生日语阅读理解能力和词汇运用能力的一种综合考查形式，要求学生具有较强的阅读能力，能在较短的时间里跳过空格去读懂文章，知晓文章的大致内容。同时，要求考生能熟练地运用所掌握的词汇，根据文章含义，在空格中填入恰当的词语或习惯搭配的词组，使短文得以恢复原貌，文意通顺，结构完整。

作为新题型（上海卷早已采用这一题型），完形填空和完形选择将给日语考生的学习带来很大挑战，因为这一题型要求考生不仅要熟悉各种词汇、语法知识，而且要掌握一定的解题策略。完形填空的解题策略可概括为如下五个方面。

（1）注重对首末句的理解。

完形新题型以考查文意为主，完形新题型的短文通常没有标题，文章的首句和末句一般不设空。要特别注重对首末句的理解，首句是观察全文的"窗口"，要以首句的句意为立足点，理清文脉，推测全文主题及大意；末句通常是文章的总结、结论或点睛之笔，它们往往提示或点明文章的主题，对理解全文有帮助。

（2）在理解全文意思的基础上，结合备选项细读全文，初步选定答案。

第一遍通读带有空缺单词的短文时可能一时把握不住短文内容，弄不清头绪，这是很正常的。阅读时注意跳过空格，通读全文，把握大意，获得整体印象，力争弄清文脉，抓住主旨。要在理解短文意思的基础上选择或填空，切忌仓促下笔。同时克服畏难情绪，再将短文读一两遍，直到明确大意为止。通读全文的方式也可因文而异，对较易把握大意的文章可采用粗读、速读的方式，而对理解稍有困难的文章不妨放慢速度。但不管怎样读，注意力都应集中在文章的主线（或中心词）上，从而确定进行推断、选择的基本思路。

把握短文大意后再认真重读短文，利用上下文的语境，结合所学知识，先确定空格处所需词语的意义，然后根据空格在句子中的位置，判断其在句中充当的成分，判断词形，从而确定所填词的词性，最后依据词语搭配和语法规则，确定所填词的正确形式。

总之，在理解全文意思的基础上，结合所给的备选项细读全文，联系上下文内容，注意从上下文的语法结构、词语搭配及选择项中寻找解题的提示，以词、句的意义为先，再从分析句子结构入手，根据短文意思、语法规则、固定搭配等进行综合考虑，对备选项逐一进行分析、比较和筛选，排除干扰项，初步选定答案。

（3）把答案放在短文中反复推敲。

做题时切勿一看到空格就急着选出或填入答案，这样往往"只见树木不见森林"。如果

缺乏全局观念,极易导致连续出错。因为完形新题型不同于单个句子的选词填空,其空白处是位于一篇文章之中,因此必须细读全文,根据词不离句、句不离文的原则,把上下文的词、句法结构、词类和语法功能、惯用法、逻辑推理常识等各种因素加在一起综合考虑,凡有疑问处必须重新推敲。在短文的每一空白处选择或填上一个词后,将完成的短文再细读一遍,看所选定的答案是否使短文意思前后连贯,其中有无逻辑问题,语法结构是否正确,是否符合习惯表达。如发现答案错误或有疑问的,应再次推敲,反复斟酌,做出修正。

（4）动笔时先易后难,各个击破。

动笔时先易后难,各个击破,先写出自己最有把握的答案,这样可以增强自信心。对于不太确定的,要善于从文中的相同结构或类似结构中寻找线索,从中得到启发,帮助确定应填词的词性、词形,大胆地猜测,这样可避免想当然地随意乱填。不能马上确定答案的,可以先跳过这一空格,继续往下做,最后回过头来再集中精力解决。这时可结合已确定答案的部分再读一遍短文,加深对短文的理解,这样可以降低判断的难度,提高答题的正确率。

（5）了解完形新题型要求填入的重要内容。

每篇完形选择所提供的四个备选项中只有一个是正确的,其他三项均为干扰项。而干扰项也多半可以与其前、后的句子或词组形成某种搭配,单从语法角度可能无法确定,还必须从语篇意义上加以鉴别。完形填空题要求填入格助词、形容词和动词变形及时态、形容词的名词形式、汉字读法,以及根据假名写汉字等内容。填词时应注意词形,不可简单地填原形。同时关注文章中句子与句子之间、段落与段落之间、上文与下文之间的逻辑关系。

总之,完形新题型是一种综合性较强的题型,不仅考查考生的阅读理解能力,还考查语法知识和综合运用能力。考生只有具备了扎实的语言基本功、较好的阅读能力及归纳判断能力,才能适应这一题型。

## 二、九省联考试题分析

作为高考日语题型改革唯一的"官方"样题,详细分析2024年1月九省联考试题的考点,对于我们接下来的复习备考有不可替代的指导意义。以下为试卷第三部分"语言运用"的内容及解题分析。

第三部分　语言运用（共两节，满分30分）

第一节（共10小题；每小题1.5分，满分15分）

　　阅读下面短文，从每题所给的A、B、C、D四个选项中选出最佳选项。

　　母親の高峰秀子は女優また散文家で、怖い人だと言われました。

　　「だめです」「いやです」「＿＿＿1＿＿＿」

　　原稿依頼はこの三言で断った。長年付き合った編集者が会って＿＿＿2＿＿＿と言っても、断った。

　　「仕事をしないのだから、話す＿＿＿3＿＿＿がない。従って会う必要はない」という。＿＿＿4＿＿＿合理的だと私は思う。

　　だが、ほかの人なら「ちょっとお茶を飲む＿＿＿5＿＿＿いいじゃない？」と思うかもしれない。

　　「ちょっとお茶でも」というのは母が何より嫌った行為である。

　　「この頃はいいお天気ですね」「寒くなりましたね」こんな言葉を母が電話で言ったのを聞いたことがない。用事だけだった。

　　ぶっきらぼう（言谈生硬）、そう感じる人は母を怖いと思ったかもしれない。私はそう＿＿＿6＿＿＿。

　　ある時、母がポツリと（冷不丁地）言った。

　　「安野光雅先生、お元気かしら……」

　　「電話してみれば？」と私は言った。

　　「いいえ」母はきっぱりと（断然）答えた。

　　「どうして？お元気ですかって、ちょっと電話してみればいいじゃない？」

　　すると、母が、「安野先生みたいなお忙しい方に電話なんか＿＿＿7＿＿＿」と言った。

　　「でも、母ちゃんからの電話なら、安野先生喜ぶと思うけど…」私はまた自分の意見を言った。

　　だが、次に母が言った一言。「人の＿＿＿8＿＿＿を奪うことは罪悪です。」

　　一瞬、頬を打たれた＿＿＿9＿＿＿がした。そして、私は黙った。自己弁護でなく、私の意見は間違いではない。だが、＿＿＿10＿＿＿は凡愚というものだった。

1. A. お願いします　　B. お断りします　　C. お持ちします　　D. お待ちします

2.　A.　ほしい　　　　B.　おきたい　　　　C.　あげたい　　　　D.　やりたい

3.　A.　こと　　　　　B.　まま　　　　　　C.　せい　　　　　　D.　とおり

4.　A.　たまに　　　　B.　極めて　　　　　C.　決して　　　　　D.　めったに

5.　A.　さえ　　　　　B.　まで　　　　　　C.　くらい　　　　　D.　ばかり

6.　A.　言う　　　　　B.　言わない　　　　C.　思う　　　　　　D.　思わない

7.　A.　してもいいです　　　　　　　　　　B.　してはいけません

　　C.　しなくてもいいです　　　　　　　　D.　しなければなりません

8.　A.　命　　　　　　B.　お金　　　　　　C.　電話　　　　　　D.　時間

9.　A.　声　　　　　　B.　音　　　　　　　C.　思い　　　　　　D.　匂い

10.　A.　それ　　　　　B.　その　　　　　　C.　そこ　　　　　　D.　そちら

**第二节（共 10 小题；每小题 1.5 分，满分 15 分）**

　　阅读下面短文，在空白处填入适当的助词或括号内单词的正确形式，括号内单词有下画线时，写出该单词的汉字或假名。

　　元陸上競技選手で、400 メートルハードルの日本記録保持者・為末大さんは走る哲学者 ＿＿＿11＿＿ も呼ばれる。語る言葉は輝かしい実績と相まって（相辅相成）人を引きつけるが、子どもたち ＿＿＿12＿＿ 向けた著書『生き抜くチカラ』には大人の心にも響く人生哲学が織り込まれている。

　　身長 170 センチで、陸上選手としては ＿＿＿13＿＿ （めぐ）まれていなかった。だからこそ、自分の身体や特性 ＿＿＿14＿＿ 生かすため、戦略を考え抜き、世界に躍り出た。著書には、その経験からつかんだ五十のメッセージが並んでいる。

　　その中の一つに「努力は夢中（痴迷）に ＿＿＿15＿＿ （勝てる）ない」という言葉がある。為末さんは「本当に強いのは、苦しい努力を ＿＿16＿＿ （がんばる）て、根気よく ＿＿＿17＿＿ （続）ける人よりも、そのことが ＿＿＿18＿＿ （おもしろい）て、つい夢中になっていたという人」と述べている。

　　努力が ＿＿＿19＿＿ （大切）のは言うまでもないが、つらく苦しいイメージがつきまとう（相随）。でも、本当に好きなことなら、努力しているなんて感じずに、時間も疲れも忘れて没頭する。「夢中」は無意識のうちに「努力」を飛び越えていき、＿＿＿20＿＿ （強い）につながっていくのだろう。

**解析**

1. B 情境题。本题考查语境。文章第一句提到"妈妈是一个很可怕的人"，随后引用了两句妈妈说的话，接着继续表达"说这三句话以示拒绝"。很明显，画线处需要填的是跟前两句有相同感情色彩的句子，且一定是表达负面意思的句子，因此不难选出答案 B。

2. A 语法题。本句不难看出小句主语是"编辑"，大概的意思是说"即便编辑说……，（我妈妈）还是拒绝了"。不难推断出是"编辑说想要妈妈见他"或者"编辑说想见妈妈"。如果是后者，用「会いたい」即可，不可能用「会って」这一形式。因此只能是"编辑说想要妈妈见他"这种情况。「てほしい」表示第一人称希望别人做某事，且句中为引用别人的话，符合句意。

3. A 语法题。该句考查的是形式名词。大致的句意是"因为没做什么，所以没有要说的……"。很明显，自然是"没有要说的事情"，很容易选出 A。

4. B 词汇题。本题考查副词的词义。句意"我觉得……合理"。显然此处有两个思路，一是填入程度副词，表示"很合理"；二是填入否定意义的副词，表示"不合理"。由于句末未见否定表达，因此直接考虑第一种情况，很容易选出 B（特别）。

5. C 语法题。本题考查副助词用法。句意大致是"别人会觉得'喝点茶……不是挺好的吗'"。不难理解，这句表达的应该是"也就是喝点茶的工夫，不至于吧？"，显然是觉得"喝点茶不算什么"，是一种"程度低"的表达方式，因此选 C。

6. C 情境题。本题考查语境当中的文意理解。前一句的内容是"有一些人也许会因为我妈妈言谈生硬而觉得害怕"，后一句为"我……"。该句很明显不涉及引用或说话内容，故 A、B 选项可直接排除。本题可以在「思う」和「思わない」之间排除。原文给的「私は」如果是"我也这么认为"的话，应该改为「私も」。用「私は」很明显是要强调或者表示对比的语感。因此应该排除「思う」而选择 D「思わない」。

7. B 语法题。本题考查固定句型。大致的文意是"安野老师这么忙，……打电话"。很明显，此处是"不可以打电话"，故选 B。

8. D 词汇题。本题考查情境中的词汇选择。前文说到母亲不给别人打电话，后句说"剥夺别人的……是罪恶"。显然，"剥夺别人的时间是罪恶"，故选 D。

9. C 语法题。考查固定句型中词汇的选择。句意大致为"（听完母亲一番话）我……脸颊被打了"。不难看出本句考查「N＋がする」的意思。很明显，应该是"我觉得脸颊被打了"，很容易选出 C。

10. A 词汇题。考查指示代词的用法。显然该处所指代的事物是前文中提及的内容，因此用「そ」没有问题。其次，考虑每个指示代词的意思。「その」后面必须要接名词性词汇，「そこ」

表示地点，明显不符合题意。「そちら」为礼貌表达，本题并没有需要用礼貌用语的语境。故答案选 A。

综合来看，和以往通过一句话或两句对答考查语法和词汇的题目相比，第一节题型主要在一段话或一整篇文章的语境中考查具体词汇或语法句型。形式变了，但答题难度并未增加，请考生们放松心态。

11. と。**语法题**。考查格助词用法。从第一句不难看出，句意为"此人被称为……"，因此直接填入「と」（表示引用的具体内容）。

12. に。**语法题**。考查固定句型中的格助词用法。固定句型为「に向け」（面向），因此直接填入「に」。

13. 恵。**词汇题**。考查根据假名写汉字。「めぐまれる」写作「恵まれる」，因此直接填入「恵」即可。

14. を。**语法题**。考查格助词用法。不难看出「生かす」是他动词，用「を」提示宾语，因此直接填入「を」。

15. 勝て。**语法题**。考查动词否定的变形方式。「勝てる」的否定为「勝てない」，因此直接填入「勝て」即可。

16. がんばっ。**语法题**。考查动词「て」形的变形方式。「がんばる」的「て」形为「がんばって」，因此直接填入「がんばっ」即可。

17. つづ。**词汇题**。考查根据汉字写假名。「続ける」写作「つづける」，因此直接填入「つづ」即可。

18. おもしろく。**语法题**。考查形容词「て」形的变形方式。「おもしろい」的「て」形为「おもしろくて」，因此直接填入「おもしろく」即可。

19. な。**语法题**。考查形容词修饰名词的接续。「大切」为「ナ」形容词，修饰形式名词「の」时需要接「な」，填入「な」即可。

20. 強さ。**语法题**。考查形容词与名词间的转化。格助词「に」前面需要接名词。「強い」的名词形式为「強さ」，填入「強さ」即可。

综合来看，第二部分题型虽然属于全新题型，但是难度不大。考查的内容还是侧重动词、形容词的变形以及基本的接续关系。单词的考查也基本都是常用汉字的书写和读音，难度尚

可，<u>但须格外注意填入的形式，不要出现假名的重复</u>等。

---

**九省联考试题分析总结**

根据分析，我们将新题型的考查内容大致分为以下四个部分，按照这四个方面去准备，复习效率将会有显著提高。

第一部分：汉字（字形＋字音）

　　该部分主要考查高考日语考纲词汇中比较难读或比较难写的汉字。

第二部分：单词（词类）

　　该部分主要考查高考日语各类词的常考考点，如助词、副词、指示代词、接续词等。

第三部分：变形（动词变形＋形容词变形）

　　该部分主要考查高考日语必备动词及形容词变形的规律。

第四部分：句型（高频语法＋文末表达）

　　该部分主要考查高考日语常考高频句型及文末表达。

---

第三部分　语篇模拟练习

# 第一回

第一节（共 10 小题；每小题 1.5 分，满分 15 分）

　　阅读下面短文，从每题所给的 A、B、C、D 四个选项中选出最佳选项。

　　お酒を飲まなければ、ゴルフもしない。そんな私の数少ない楽しみの一つは本を読む____1____。同じく本好きの姉は早々にタブレット（平板电脑）に切り替えたが、私は____2____紙の本から離れられない。

　　乗り物に乗るにも本が欠かせない____3____、わが家の書庫には本が溢れている。

　　新しく気にいった作品が見つかったとき____4____、その作家の作品の鉱脈（脉络）を掘りつくすかのように読む。____5____そう容易に新しい鉱脈が見つかることはなく、そんなときは書庫から以前の好きな本を引っ張り出して読む____6____。

　　最近気づいたのだが、____7____私には妙な癖があり、その本を読んでいる最中に購入したコンビニなどのレシート（小票）を栞（书签）代わりに挟むことが多いようだ。本に____8____数年ごとの日付のレシートをみると乗換駅のものや出張先のものがあり、確かにその時々で自分がその本を読んだことを思い出す。

　　あの頃はまだ子供が小さかった、このときは仕事で少し大変だった、そんなことを思い出させるレシートの栞は、____9____タイムカプセル（时间胶囊）のようだ。そう思いながら、次にその本を開く日に備えて今日もそっと一枚追加して____10____。

1. A. ものだ　　　　　B. わけだ　　　　　C. ことだ　　　　　D. ままだ
2. A. どうしても　　　B. どうかして　　　C. どうでも　　　　D. どうして
3. A. のに　　　　　　B. ため　　　　　　C. まま　　　　　　D. はず
4. A. では　　　　　　B. のは　　　　　　C. へは　　　　　　D. には
5. A. しかしながら　　B. それに　　　　　C. ところで　　　　D. それでは
6. A. ようなっている　　　　　　　　　　B. ことになっている
　　C. ことにしている　　　　　　　　　　D. ようになっていく
7. A. いまにも　　　　B. どうやら　　　　C. たしかに　　　　D. なにしろ
8. A. 挟められた　　　B. 挟めた　　　　　C. 挟ませた　　　　D. 挟まれた
9. A. まるで　　　　　B. もし　　　　　　C. わりに　　　　　D. または
10. A. しまう　　　　　B. ある　　　　　　C. いる　　　　　　D. おく

第二节（共 10 小题；每小题 1.5 分，满分 15 分）

　　阅读下面短文，在空白处填入适当的助词或括号内单词的正确形式，括号内单词有下画线时，写出该单词的汉字或假名。

　　ご当地の食材を取り入れたり、駅以外でもお取り寄せで食べられるように　　11　　（なる）たり、現代ではさまざまな楽しみ方が生まれた駅弁（车站便当）。当初は、乗車時間が長かった電車の中　　12　　食べられるようにと生まれたお弁当の一種でした。今回は、駅弁が発展して　　13　　（くる）歴史についてご紹介します。

　　日本初の駅弁として定説となっているのは、1885 年 7 月 16 日、日本鉄道から依頼を受けて「白木屋」という旅館が販売した駅弁です。この日に開業　　14　　（する）日本鉄道宇都宮駅で販売され、「おにぎり 2 個、たくあん（腌萝卜）2 切れ」を竹の　　15　　（皮）に包んで 5 銭という内容でした。このため、7 月 16 日が駅弁記念日とされ、各地でイベントが開催　　16　　（する）ています。

　　駅弁は、その後も鉄道の開通　　17　　ともに発展していきました。明治末期～大正に多くの鉄道が開通していくに伴って、現代でも人気の「鯛めし（鲷鱼饭）」、サンドイッチなど、各地の特色を取り入れた駅弁が　　18　　（たんじょう）していきました。

　　現代では、東京駅などのターミナル駅で各地の駅弁が販売されていたり、百貨店などで駅弁祭りが行われたり、さらには通販でお取り寄せできたりと、駅弁の楽しみ方はさまざまとなっています。現代における駅弁は、そこに　　19　　（行く）と食べられないものではなく、各地の特産品を　　20　　（詰め込む）「ご当地弁当」としての役割が強いです。

# 第二回

第一节（共 10 小题；每小题 1.5 分，满分 15 分）

　　阅读下面短文，从每题所给的 A、B、C、D 四个选项中选出最佳选项。

　　小学生のころ、おばあちゃんと一緒に買い物　　1　　行くと、途中で、おばあちゃんは、私の知らない色々な人と挨拶をしていた。それが子供心にとてもかっこよく見えた。物語に出て　　2　　市長さんや名士は、色々な人と挨拶しているではないか。おばあちゃんが名士のように見えた。私は学校に行けば 50 人のクラスメートがいる　　3　　、外で友達に会

うことはめったにない。おばあちゃんはいつ、＿＿4＿＿、この人たちと知り合いになったのだろう。＿＿5＿＿私も道を歩くとき色々な人と挨拶ができたらいいなと思った。

今＿＿6＿＿、近所の人たちが夕飯の買い物に出る時間帯を歩いて、挨拶を交わしていた＿＿7＿＿のだが、会社勤めの間はこういったことは難しい。朝早く会社に行き、夜遅く家に帰る生活は近所の人たちとも、めったに顔を＿＿8＿＿ことはない。

長い会社勤めが終わりを告げた（告一段落）後、私は自治会に参加したり、地元でサークル活動、ボランティアなどに励んだりした結果、色々な人と挨拶する＿＿9＿＿。

今ではどこで知り合った人＿＿10＿＿と混乱してしまうことがあるが、これも小さいころの夢を叶えたといえるのだろうか。

1. A. に          B. が          C. を          D. で
2. A. ある        B. くる        C. いく        D. おく
3. A. ので        B. ため        C. から        D. のに
4. A. どうにも     B. なぜなら     C. どうやって   D. どうして
5. A. いつも       B. いつか       C. いつでも     D. いつに
6. A. 思えば       B. 思って       C. 思えて       D. 思わせて
7. A. にしかたがない              B. に違いない
   C. にすぎない                 D. にしかない
8. A. 合う         B. 合わせる     C. 合わす       D. 合える
9. A. ことにした    B. ことになる   C. ようにした   D. ようになった
10. A. だった      B. だっけ       C. だ          D. だが

**第二节（共 10 小题；每小题 1.5 分，满分 15 分）**

　　阅读下面短文，在空白处填入适当的助词或括号内单词的正确形式，括号内单词有下画线时，写出该单词的汉字或假名。

　　「今＝ここ」主義。思想家の加藤周一が指摘した、日本人のものの考え方の特徴である。外国人が＿＿11＿＿（驚）くほどのコンビニの普及は、日本人ならではの考え方＿＿12＿＿深く結びついている。

　　簡単に言えば、いま目の前にあるものが大事だと考え、＿＿13＿＿（簡単）便利をよしと

する「簡便志向」が___14___（強い）。おにぎり、おでんは家々で作り方も味も違う食べ物だった。それらがコンビニの定番商品として成長した理由も簡便志向にある。かくして「家庭の味」はほぼ消滅し、伝統的な食文化さえ変わってしまった。

コンビニはまた日本人の生活を深夜型に変えた。単身者や共働き（双职工）夫婦が増えて、人々の活動時間帯が夜間に延びていくのと軌を一にした___15___違いない。

近くの___16___（ようちえん）が終わると、お母さんたちは子どもを連れて、コンビニにやってくる。子どもは店内のどこに何を売っているかをちゃんと___17___（知る）。レジでモノとお金のやりとりも見ている。コンビニは園児が初めて「経済」を学ぶ場にもなっている。

高齢者には「癒やし（治愈）の空間」なんだよ。常連（常客）が集まり、おしゃべりしている。

最近はイートイン（店内）で食べることもでき、住民票も___18___（取る）し、ATM もある。冷蔵庫代わり、台所代わり、公共トイレ代わり、役所代わり、銀行代わりと機能も多様化した。もはや商業空間ではなく、公共空間化している。

それならばコンビニと行政、利用する住民という三者の共同関係___19___つくって、失われた共同体を___20___（復活する）一つの契機になるかもしれない。

# 第三回

## 第一节（共 10 小题；每小题 1.5 分，满分 15 分）

阅读下面短文，从每题所给的 A、B、C、D 四个选项中选出最佳选项。

最近思うこと。

知性（才智）は言葉___1___現れるのだ、と思うのです。

それは話し言葉であったり、文面（书面）であったり。人の発した、書いた言葉を浴びて「ああ、この人は」と、言葉に___2___その人の知恵が感じ取れる。

転職を経て、人と日々話す仕事をして、そしてキャリアスクール（职校）への入会を経て、様々な人と関わる機会が増えたことがその理由なのでしょう。世の中には本当に色々な___3___の人がいます。

新卒入社の時の最初の上司に「相手に伝えることの努力は惜しむ___4___」と教わりました。伝わった状態がどうであるか、どうすれば伝えることが___5___のか。最初のプロジェ

クトでマニュアル作成、問合せ窓口を任された私は日々悩み＿＿6＿＿仕事をしていたのを覚えています。

なので、人の選ぶ言葉やその使い方が気になってしまう＿＿7＿＿、よく活用されたのを見ると感心してしまうのです。そして、話に深みがあると、さらに知性も感じられて、聞いている＿＿8＿＿面白い発見が浮かぶこともあります。

話し方、イントネーション（语调）、声色。

文の構成、言葉のまじり（混合）、言葉の選択。

日常会話で特に重視している＿＿9＿＿の要素。気にしなくても問題なく社会で生きてはいけるけれども、意識している人にはきっと重要な要素であり、自分の本質を＿＿10＿＿間に見透かされているのではと考えると、少しわくわく（兴奋）します。

1. A. を　　　　　B. に　　　　　C. が　　　　　D. へ

2. A. つかれる　　B. かくれる　　C. きれる　　　D. わすれる

3. A. タイプ　　　B. タイヤ　　　C. ダイヤ　　　D. タレント

4. A. わ　　　　　B. ね　　　　　C. な　　　　　D. よ

5. A. させる　　　B. される　　　C. する　　　　D. できる

6. A. すぎ　　　　B. ながら　　　C. なか　　　　D. まま

7. A. し　　　　　B. から　　　　C. ので　　　　D. ため

8. A. だけに　　　B. だけで　　　C. だけでは　　D. だけど

9. A. あちら　　　B. あそこ　　　C. これら　　　D. これ

10. A. 知らぬ　　　B. 知らせる　　C. 知れる　　　D. 知られる

第二节（共 10 小题；每小题 1.5 分，满分 15 分）

　　阅读下面短文，在空白处填入适当的助词或括号内单词的正确形式，括号内单词有下画线时，写出该单词的汉字或假名。

　　チャット GPT（ChatGPT）は、流暢に応答することを目的に作られた対話 AI である。話し掛けると、ちゃんとそれっぽいことを答えてくれる。その＿＿11＿＿（流暢）話し方を獲得させるためにとてつもない（惊人的）量のデータを＿＿12＿＿（学習する）結果、膨大な知識も身＿＿13＿＿付けることになったのだが、それは副次的なことであって「＿＿14＿＿（正

しい）答える」ことを目的に作られた AI ではない。あくまでも「チャット（おしゃべり）の道具」なのだ。

包丁が凶器にもなるように、道具は使う人次第だ。人間は多種多様な___15___（道具）を生み出してきたが、きちんと使いこなせない、制御しきれないような複雑な道具も作り出してきた。強力な道具は想定外のことが起きて制御できなければ、大変な悲劇___16___起こしかねない。

例えば、人間のクローン（克隆）をつくることは技術的には可能だが、倫理的にも法的にも___17___（許す）ない。国際的に___18___（きょうちょう）して、その一線は越えないようにしてある。原子力（核能）に関しても、国際的に規制する枠組み（框架内）がある。

では、AI を同じように___19___（規制する）か、というと難しい面がある。生命科学や原子力は研究開発するにしても特別な装置や施設が必要だが、AI の場合はコンピューターとデータがあればいい。どのように規制するのかは難問だ。

それでも今後の AI の進展を考えると、AI にどう向き合う（面对）のか、考えなければならない時だ___20___思う。

# 第四回

第一节（共 10 小题；每小题 1.5 分，满分 15 分）

阅读下面短文，从每题所给的 A、B、C、D 四个选项中选出最佳选项。

今日も旦那さん（丈夫）は二階のウォークインクローゼット（步入式衣橱）へと入る。そこは我が家のリモート（远程；遥控）部屋。新しい生活様式は旦那さんの出勤___1___を変えた。毎日八時間のウォークインクローゼット、窓___2___ない。白い壁とパソコンと書籍___3___の世界は「独房」とまでは言わないが、きっとそんな気持ちに___4___のだろう。

私から見れば「通勤時間が短くて楽でいい」と思っていたが、本人からは笑顔が減り、なぜかちょっとした（小小的）家庭内のいざこざ（纠纷）も___5___。

そんなある日、「観葉植物（观赏植物）を買いに___6___」と誘われた。無機質（毫无生机）な部屋に閉じこもって（闭门不出）仕事をするのが辛いと言う。ただ家に植物を置くことは考えたこともなかった。不安はあったが、一緒に観葉植物を買いに出かけた。___7___小さなウォークインクローゼットに大きなサイズの観葉植物は置けない。小さな鉢（花盆）

に植えられたポトス（绿萝）を購入して、帰った。

　　植物に全く興味のなかった旦那さんだが、店員さんに教えて＿＿8＿＿通りに水やりをし、時には日光浴をさせ、大事に育てている。仕事部屋を覗く（偷瞄）と、小さなポストが、旦那さんを優しく見守っている。＿＿9＿＿我が家にはベンジャミン（安息香树）、ガジュマル（榕树）と新しい家族も入ってきた。気軽に外出できる世の中、しかし家の中で感じる緑は特別だ。わが子のようにかわいい。本日の我が家の平和も、この小さなポトスたちの＿＿10＿＿なのだろう。

1. A. スムーズ　　　B. スイッチ　　　C. スタイル　　　D. スピード

2. A. は　　　　　　B. に　　　　　　C. から　　　　　D. ほど

3. A. まま　　　　　B. だらけ　　　　C. だけど　　　　D. まみれ

4. A. させる　　　　B. できる　　　　C. される　　　　D. させられる

5. A. 上がった　　　B. 無くなった　　C. 減った　　　　D. 増えた

6. A. 行け　　　　　B. 行って　　　　C. 行こう　　　　D. 行く

7. A. もっとも　　　B. ただちに　　　C. まもなく　　　D. もちろん

8. A. もらった　　　B. くれた　　　　C. あげた　　　　D. くださった

9. A. これから　　　B. それから　　　C. ここから　　　D. そこから

10. A. ので　　　　　B. せい　　　　　C. おかげ　　　　D. から


**第二节（共 10 小题；每小题 1.5 分，满分 15 分）**

　　阅读下面短文，在空白处填入适当的助词或括号内单词的正确形式，括号内单词有下画线时，写出该单词的汉字或假名。


　　銀行から＿＿11＿＿（下）ろしてきたお金を、どこにしまったか分からない。そんなことが何度かあり、母に認知症（老年痴呆）が始まったとうすうす（隐约）感じていたが、はっきり＿＿12＿＿自覚したのは2011年秋。東日本大震災の話をしたら、何も覚えていなかった。周りに親の＿＿13＿＿（かいご）経験者がいたが、「アガワは今、張り切っているけど、二、三年でなんとかなると思ってない？一人＿＿14＿＿できると思っちゃダメ。長丁場（持久战）なんだから」と言われて。がくぜんとしたのを覚えている。

　　認知症になった初期段階は、まだ半分まとも。それなのに、家族が「全部壊れてしまっ

た」と決めつけて接すると、本人を大きく傷つけることになる。ケアする側がどれほど本人のプライド（自尊心）を傷つけないように接することが＿＿＿15＿＿＿（する）か。「この話、四回目だな」と思っても、初めて聞いたように対応するとか。母のはんこを預かったら、「なんで勝手に持っていくの！」と＿＿＿16＿＿＿（激しい）怒ったことがあり、自分が管理するものだというプライドがあったんだろうな＿＿＿17＿＿＿反省した。自分で生活しようという意欲と力があるうちは、少々、危なくても本人に＿＿＿18＿＿＿（やる）ことが大事だ。

同じことを繰り返し聞いてくる時は、なるべく答え方を変えて、自分も会話を遊ぶようにした。とはいえ、＿＿＿19＿＿＿（抑える）としてもイライラする時はある。でも、けんかしても、ケロッと（若无其事）忘れてくれるから、そこは＿＿＿20＿＿＿（楽）。けんかする時は、「笑いを探す」だよ。

# 第五回

第一节（共 10 小题；每小题 1.5 分，满分 15 分）

　　阅读下面短文，从每题所给的 A、B、C、D 四个选项中选出最佳选项。

男女に違いがあるのは当然として、どこがどのように違うのかを言うことは簡単ではない。＿＿＿1＿＿＿、時に具体的な数字で違いを出されて、たじろぐ（震撼）こともある。

浮かび上がったのは、高齢で一人暮らしの男性が孤立する危険である。国立社会保障、人口問題研究所の「生活と支え合いに関する調査」は、人は普段＿＿＿2＿＿＿の頻度で人と話をするかを調べている。

電話も含め、毎日する人が＿＿＿3＿＿＿圧倒的だ。一方で、2週間に2回以下＿＿＿4＿＿＿話をしない人も全体の2%いて、65歳以上の独居の男性に限ると、17%＿＿＿5＿＿＿の人がほとんど人に接していない。同じ年齢層の独居の女性では4%だから、違いは＿＿＿6＿＿＿だ。

調査を担当した阿部彩部長は、一研究者としての一般論と断ったうえで言う。男性は人間関係を職場に頼り＿＿＿7＿＿＿なので、退職後に新たな関係をなかなかつくり＿＿＿8＿＿＿。そこが地域に密着しつつ、生涯を送る人が多い女性との違いではないか、と耳が＿＿＿9＿＿＿指摘である。団塊の世代（指第二次世界大战后不久出生的人）の意識を探った内閣府の調査も似た傾向を＿＿＿10＿＿＿。どんな時に生きがい（生存価値）を感じるか。男性が女性よりはっきり多いのは仕事、お酒、パチンコ（弹珠赌博游戏）など。女性のほうが絶対多かったのは、友人、

知人と過ごしている時だ。

　　個人差のほか、人づきあいへの考えがやはり男女で違うのだろう。

1. A. それに　　　　B. それでは　　　C. しかも　　　　D. しかし
2. A. どちら　　　　B. どの　　　　　C. どれぐらい　　D. どれ
3. A. もしも　　　　B. もちろん　　　C. もっとも　　　D. もしくは
4. A. ばかり　　　　B. ほど　　　　　C. だけ　　　　　D. しか
5. A. も　　　　　　B. が　　　　　　C. に　　　　　　D. で
6. A. きよらか　　　B. にぎやか　　　C. あきらか　　　D. おだやか
7. A. まま　　　　　B. がち　　　　　C. きり　　　　　D. ながら
8. A. うすい　　　　B. やすい　　　　C. にくい　　　　D. はやい
9. A. 厚い　　　　　B. 近い　　　　　C. 遠い　　　　　D. 痛い
10. A. しめす　　　　B. しめる　　　　C. あらわれる　　D. すごす

**第二节（共 10 小题；每小题 1.5 分，满分 15 分）**

　　阅读下面短文，在空白处填入适当的助词或括号内单词的正确形式，括号内单词有下画线时，写出该单词的汉字或假名。

　　テレビはかつて（曾经）、映像コンテンツ（影像内容）を楽しむ手段としては最も便利で内容も豊富でした。しかし、好きなものをいつでも視聴できるインターネット動画の出現で、テレビ離れ（远离电视的现象）が進んでいると考えられます。これは伝統的なマスメディアが＿＿11＿＿（新た）メディアに取って代わられている現象とも言え、根底には大きな時代の流れがあります。

　　皆が同じような生活をしていた二十世紀、テレビは「茶の間（闲暇）の王様」＿＿12＿＿言われましたが、今は＿＿13＿＿（各自）が好きなことを楽しむという多様性と個性を重んじる時代。ネット動画は、そんな人々の気持ちにフィット（适合）したのです。

　　放送局で時代の変化の渦中にいた身からすれば、テレビ離れは必然の流れだと受け止めています。ただし、テレビ離れというとき＿＿14＿＿テレビとは、あくまで受像機やテレビ局のことで、テレビ的なもの＝映像コンテンツを＿＿15＿＿（くつろぐ）で楽しむ、という時間はむしろ増えているでしょう。

茶の間でしか見られなかったものが、スマートフォンによって時間と空間の両方の自由を手___16___入れました。送り手と受け手が対等に___17___（結ぶ）た双方向性も実現し、映像コンテンツの制作側の可能性は広がっています。

テレビが情報を___18___（広い）あまねく（普遍）伝える一方、ネットは利用者が能動的に細かい情報を___19___（にゅうしゅ）するメディア。災害時などはテレビが多くの人に伝えるべき情報を___20___（流す）て、ネットで地域ごとの状況を知るという連携があり得ます。利用者は、両者の特性をよく理解して活用すべきです。

# 第六回

**第一节（共 10 小题；每小题 1.5 分，满分 15 分）**

　　阅读下面短文，从每题所给的 A、B、C、D 四个选项中选出最佳选项。


日本___1___米国（美国）の高校生を比較した読書調査で、「漫画と恋愛小説が好き」という日本の高校生の読書傾向が指摘された。恋愛小説___2___、ブロンテ（勃朗特）やスタンダール（司汤达）の恋愛小説ではない。中、高校生向きに書かれた「ジュニア（少年）小説」のことである。

自分たちの背丈にあわせて（量身定制）大量生産される物語の世界に浸っている（沉浸）。これが読書から見た平均的な日本の高校生像のように___3___。一方、米国の高校生は、漫画嫌いが多く、時事的な本に関心が強い、と調査結果はいう。

米国の高校生がそれほど読書好きとは___4___。「漫画文化のありようが日米（日本和美国）では___5___違う」などの意見も色々だ。しかし、一致しているのは、学校教育の違いからくる差である。

米国のどの高校の授業にもある文学の授業___6___、課題図書を示して読ませ、レポートを書かせる。ホーソーン（霍桑）、ホイットマン（惠特曼）からヘミングウェー（海明威）まで。

国際政治から離婚問題までさまざまな社会問題を学校で討論させる。社会全体が自分たちの政治、社会に関心が深く、子供たちも例外にしない。

___7___、日本の高校生のことを考える。親も学校もできるだけ子供を「社会の風」にあたらせないように配慮する。隔離して受験に___8___。まだ大人になる必要のない猶予（犹

豫，缓冲）時間をたっぷり与える。＿＿9＿＿、受験競争という籠（笼子）の中で。

＿＿10＿＿日本の高校生たちは、厳しい環境に置かれると同時に、それと裏腹（相反）の甘えも許される。

1. A. と　　　　　　　　B. で　　　　　　　　C. は　　　　　　　　D. を
2. A. というと　　　　　B. といっても　　　　C. といったら　　　　D. というより
3. A. 見せる　　　　　　B. 見る　　　　　　　C. 見える　　　　　　D. 見られる
4. A. と思える　　　　　B. 思われる　　　　　C. 思う　　　　　　　D. 思わない
5. A. まさか　　　　　　B. すっきり　　　　　C. すべて　　　　　　D. まったく
6. A. へは　　　　　　　B. には　　　　　　　C. では　　　　　　　D. とは
7. A. それから　　　　　　　　　　　　　　　B. それにたいして
   C. それに　　　　　　　　　　　　　　　　D. それでは
8. A. 向かわせる　　　　B. 向かう　　　　　　C. 向かわれる　　　　D. 向かえる
9. A. だだし　　　　　　B. 　そのため　　　　C. それで　　　　　　D. だけに
10. A. この　　　　　　　B. こうして　　　　　C. どうして　　　　　D. どうやって

## 第二节（共 10 小题；每小题 1.5 分，满分 15 分）

阅读下面短文，在空白处填入适当的助词或括号内单词的正确形式，括号内单词有下画线时，写出该单词的汉字或假名。

就職氷河期（就业冰冻期）と言われた一九九九年に大学＿＿11＿＿卒業した。それから約二十年間で七つの仕事を経験し、今年一月に宝塚市の正規職員＿＿12＿＿なった。

大学四年生の就職活動では、満足できる結果を＿＿13＿＿（得る）ず、もう一年大学に行って就職活動をした。手応えはあっても、結局は不採用。その連続だった。自分の準備＿＿14＿＿（不足）と反省はしても、何が足りないのか分からない。

内定（工作）をもらえないまま卒業し、始めた仕事は雑貨店のアルバイト。翌年には、本部に正社員として採用された。しかし、勤務時間外の作業を強いられることが続き、パワハラ（职权骚扰）も重なったので三年＿＿15＿＿辞めた。

その頃気付いたのは、自分はスキルアップできていないということだ。＿＿16＿＿（安定する）職に就く（就职）ためには専門知識を持つ必要があるのではないか。そう考えて社

会保険労務士（保険師）の勉強を始め、合格した。

　　__17__（けいき）が上向きの時に就職活動をした人たちは、複数の会社から内定をもらっていた。私たちは違った。でも過去のことを言っていても仕方がない。前向きに（积极地）生きていこう。

　　国が氷河期世代の就職支援を始めると聞いたときは「__18__（良い）」と思いました。非正規、無業者だけの問題ではなく、正社員でも劣悪な労働条件で働いている人がいる。その人たちにも光を当ててほしいと思う。

　　今は、新しい仕事を覚える__19__に精いっぱいですが、やり__20__（甲斐）を感じている。好きになってもらえる街になるよう、私の力や経験も生かせればいいなと思っている。

# 第七回

**第一节（共 10 小题；每小题 1.5 分，满分 15 分）**

　　阅读下面短文，从每题所给的 A、B、C、D 四个选项中选出最佳选项。

　　「ナッツや」。

　　家族の一日は、祖母の一言で始まる。私の祖母は認知症（痴呆症）だ。__1__家族で介護をするわけだが、我が家には小さなヘルパーさん（帮手）がいる。犬のナッツだ。

　　ナッツは、犬好きの祖母が甘やかした（溺爱）結果、__2__祖母のことを見下す（看不起；不怕人）ようになっていた。そんなある夜、祖父はナッツの吠える声__3__目が覚めた。夜中に吠えたことのないナッツを不思議に思い様子を見に行くと、祖母が外に出ようとするところだった。ナッツは、祖母の危険を祖父に知らせて__4__のだ。お手柄（功劳）をほめられたのが嬉しかったのか、__5__ナッツは祖母のことを見守るようになっていた。祖母が外に出ようとすれば吠え、帰ってくる__6__玄関でうろちょろする（转来转去）。祖母が寝ころがっていると側に寝そべり（趴着）、一緒にドラマを見ている。__7__彼は自分のことを副リーダーだと思い、祖母を守らなければいけないと思っているのだろう。

　　__8__最近、祖母の病気は急に進んだ。祖母が変わっていく様子を見るのは、家族みんな、もちろん私も辛くて、つい祖母に冷たくしてしまい、自己嫌悪（自我厌烦）に陥ることも多い。だが、ナッツは違う。ナッツは祖母の変化も私達の悩みも__9__気づいている

と思う。それでも彼は、昔と相変わらずくりくり（滴溜溜转动）とした目で祖母を見て、しっ
ぽ（尾巴）を＿＿10＿＿。私達が変わっても、ナッツは変わらない。

「ナッツや」。

今日もまた、一日が始まる。

1. A. なのに　　　B. だが　　　　　C. だけど　　　　D. だから

2. A. しっかり　　B. はっきり　　　C. すっかり　　　D. すっきり

3. A. に　　　　　B. で　　　　　　C. を　　　　　　D. が

4. A. くれた　　　B. もらった　　　C. やった　　　　D. さしあげた

5. A. いつの間にか　B. いつか　　　　C. 間もなく　　　D. いつでも

6. A. までに　　　B. まで　　　　　C. 前　　　　　　D. 前で

7. A. かならずしも　B. ぜひ　　　　　C. きっと　　　　D. かならず

8. A. この　　　　B. こちら　　　　C. これ　　　　　D. ここ

9. A. なにかしら　B. なにしろ　　　C. なんだか　　　D. なんとなく

10. A. 上げる　　　B. 揺れる　　　　C. 振る　　　　　D. 動く

第二节（共 10 小题；每小题 1.5 分，满分 15 分）

　　阅读下面短文，在空白处填入适当的助词或括号内单词的正确形式，括号内单词有下画
线时，写出该单词的汉字或假名。

　　ラーメンやそば、うどんやそうめん（挂面）、日本には美味しい麺類がたくさんあります。

　　皆さんは普段から麺類を食べる時に、音＿＿11＿＿立ててすすって（吸溜）食べていますか。
日本人にとっては当たり前の文化であっても、＿＿12＿＿（受け入れる）ない外国人はたく
さんいるようで、「ヌードル？ハラスメント（麺類をすする音で＿＿13＿＿（嫌）気持ちに
させること）」という言葉も誕生しました。

　　しかし、実は麺類は音を立てて食べた方が、より美味しく食べられるのです！

●麺に汁がよく絡む

麺はすすって食べる方が、汁が麺によく絡み美味しく食べられるといいます。

●香りが広がる

音を立てるということは、麺と一緒に空気も吸うことになります。食べる時に空気を一

緒に吸うことによって、鼻から香りが抜けて、より香りが広がって美味しく感じるわけですね。

●火傷を防止する

実は、火傷を防止するという効果もあるそうです。熱い麺と一緒に＿＿14＿＿（冷）えた外気を同時に口の中＿＿15＿＿入れることにより、火傷を防止する事ができるのです。

「すする」という＿＿16＿＿（こうい）は、江戸時代から続く日本の食文化。それを押しつけたり、逆にハラスメントになるからと＿＿17＿＿（遠慮する）たりすることは、どちらも＿＿18＿＿（正しい）はないだろう。まずは食べ方＿＿19＿＿こだわらず、しっかり＿＿20＿＿（味わう）てもらうこと。なによりも食事というものは、マナー以前においしく食べることが、最も重要だと思います。

# 第八回

第一节（共 10 小题；每小题 1.5 分，满分 15 分）

阅读下面短文，从每题所给的 A、B、C、D 四个选项中选出最佳选项。

私の好きな姉は優しくて花の大好きな人で、庭はいつ＿＿1＿＿四季折々（应季）の花が咲き、甘い香り漂う家でした。

そんな姉からがんの告知をされたのは余命3カ月のときで、すでにすべての臓器に転移しており、為す術がない（束手无策）＿＿2＿＿こと。このまま家で大好きな花を見ながら、と言うのです。

あまりに突然の＿＿3＿＿私には心の準備もないまま悲しい日々が始まりました。姉のことを優先に考え、一日＿＿4＿＿多く会いに行きましたが、帰りの車では信号が涙でかすみ（模糊不清）、頭はボーと（一片空白）なり、平常心を＿＿5＿＿のがやっとでした。

大切に育てられた庭木や草花は、そんな姉を知る余地もなく、美しく咲きほこっています（争奇斗艳）。日を追う＿＿6＿＿歩くこともできなくなり、ベッドで眠る日が続いても、花は時々甘い香りでカーテンを伝い、姉のベッドへと運んでくれました。でもすでに起き上がること＿＿7＿＿できなくなり、姉の優しい言葉も笑顔も花には届けられなくなっていました。

そんな草花も姉の体を知ったかの＿＿8＿＿、庭の片隅（角落）の湿った風の中でうなだれ

ている（低垂）ひまわり（向日葵）の姿を見るたび、胸が苦しく悲しい日々が続きました。願いもむなしく（落空）8月6日、姉は私にありったけ（使出浑身力气的）の笑顔を残し、旅立ちました。

今、姉から＿＿9＿＿オキザリス（酢浆草）の花が私の大切な形見花（观赏花）となりました。真っ白な花が咲く＿＿10＿＿、「私はここよ」と微風に揺れ、あの日の忘れられない姉の笑顔に出合えた気持ちになります。

1. A. 行ったら　　　B. 行っても　　　C. 行くか　　　D. 行こう
2. A. からの　　　B. との　　　C. への　　　D. かの
3. A. ことに　　　B. ものに　　　C. のに　　　D. ところに
4. A. ばかり　　　B. だけ　　　C. でも　　　D. ぐらい
5. A. つもる　　　B. まつ　　　C. まもる　　　D. たもつ
6. A. ために　　　B. ごとに　　　C. だけに　　　D. わけに
7. A. さえ　　　B. にも　　　C. から　　　D. ずつ
8. A. そうに　　　B. ように　　　C. みたいに　　　D. らしい
9. A. くれた　　　B. あげた　　　C. もらった　　　D. やった
10. A. と　　　B. なら　　　C. にも　　　D. や

**第二节（共10小题；每小题1.5分，满分15分）**

阅读下面短文，在空白处填入适当的助词或括号内单词的正确形式，括号内单词有下画线时，写出该单词的汉字或假名。

お金＝自由度。現代社会では、物を手に入れ、したいことをするため＿＿11＿＿自由度を決定してくれるのがお金だ、と考えられている。だが、「お金で買えないものはない」と思う一方＿＿12＿＿、私たちは常に＿＿13＿＿（満たす）ない心を抱き続けている。

最近よく目＿＿14＿＿する携帯用ゲーム機（便携式游戏机）を片手に持ち歩く子どもたちの姿。テレビの画面には、持っていないと自分の子どもだけ仲間はずれ（不合群）になるという理由で、ゲーム機を買い与える母親像が浮かんでいた。大人は子どもへの愛情の＿＿15＿＿（注）ぎ方を間違ってしまってはいないだろうか。物を買い与えること、お金をあげること、これらも実際に愛情の一部だろう。だが、私の幼少時代を思い出してみても、

この類の「ありがたみ（恩惠）」は瞬間にして消えることが　　16　　（多い）。それよりも、母に絵本を読んで　　17　　（聞く）てもらった記憶の方がはるかに強く残っている。気になることが出てくる度に「ねぇ」と話を中断させては疑問を投げかける私に、すぐに答えてくれることもあれば、笑ってごまかすこともしばしば。母はむしろ、そうやって娘と一緒に「道草（耽搁）」することを　　18　　（楽しむ）でいたのかもしれない。

　　時の流れや物の　　19　　（はったつ）は誰にも阻止できない。そのせいで、人の心まで変わってしまおうとしている。物に価値を置く現代に、まず見直さなければならないのは、親と子のコミュニケーションだ。目には見えないが、胸の奥底にしみ込んでいる愛情こそ、心が休まる　　20　　（大事）ものなのである。

# 第九回

**第一节（共 10 小题；每小题 1.5 分，满分 15 分）**

　　阅读下面短文，从每题所给的 A、B、C、D 四个选项中选出最佳选项。

　　ネット社会では雄弁だったり攻撃的だったりする人が、現実社会では　　1　　。あるいは、ネットとリアル（現実）では行動や態度が異なる。ネットの世界になると人格や行動が変わるのではないか。　　2　　考える人は多いと思います。

　　しかし、カーネギーメロン大学（卡耐基梅隆大学）の研究　　3　　、現実社会で人間関係が豊かな人はネットでも人とつながりやすく、苦手な人はネットの中でも孤立し　　4　　と指摘されています。つまり、リアルに充実している人はネットでも同じように充実し、実生活が満たされていない人は、ネットでも同じ　　5　　になるというのです。

　　　　6　　、ツイッター（国外社交软件）やユーチューブ（国外视频网站）などで有名人が何かしらの企画をしたとき、より多くの人との関わりを獲得し、さらに人気が向上するなどは、分かりやすい例でしょう。　　7　　、現実世界で人間関係などに　　8　　人は、ネットの世界でも井の中の蛙になりやすい。

　　リア充（现实生活中过得很充实的人）の方がネットを上手に使いこなし、さらに現実社会で自分を社会的、金銭的にレベルアップ（升级）させるというのは皮肉（讽刺）ですが、こうした背景　　9　　、どこでも誰とでもつながれるインターネットの特性と言えます。

　　この研究は、インターネットだけに自分の居場所（容身之所）を求めても、根本的な解

決にはならないことを表しています。現実社会での立ち居振る舞い（行为举止）があるから、インターネットは生きてくる。＿＿10＿＿科学的に説明されると耳が痛い話かもしれません。

1. A. たくましい     B. なつかしい     C. おとなしい     D. おかしい
2. A. ここ     B. これ     C. この     D. こう
3. A. のは     B. では     C. には     D. へは
4. A. やすい     B. にくい     C. はやい     D. ふかい
5. A. 動向     B. 傾向     C. 結末     D. 結局
6. A. そうなれば     B. そうすれば     C. ならば     D. たとえば
7. A. その反面     B. その結果     C. そのおかげ     D. そのように
8. A. おいしい     B. とぼしい     C. まずしい     D. あやしい
9. A. ずつ     B. これ     C. も     D. こそ
10. A. 極めて     B. 忘れて     C. 改めて     D. 初めて

**第二节（共 10 小题；每小题 1.5 分，满分 15 分）**

    阅读下面短文，在空白处填入适当的助词或括号内单词的正确形式，括号内单词有下画线时，写出该单词的汉字或假名。

    元旦の新聞配達は辛い。新聞は分厚く（厚重）広告も大量で、通常の日の 3 倍以上は時間も労力もかかる。中学 2 年の私は重労働にグッタリして（筋疲力尽）店に帰り着く。店主が待っていて予期せぬ（始料未及）お年玉が特別に手渡された。1,000 円だ。大金に＿＿11＿＿（おどろ）いた。店主の顔が途端に、大福様に見えた。

    今日こそあんパン（红豆面包）を食べてみたい。その 1,000 円を手にして新聞店の＿＿12＿＿（近い）のパン屋に駆け込んだ。お伽の国＿＿13＿＿ような店内は甘い香りで溢れている。

    「あんパン 10 個下さい！」

    高価過ぎた。手が震えた。＿＿14＿＿（贅沢）さに私はおじけづき（害怕）、12 個の注文ができなかった。でも、包みから溢れる至福の香りに満足し、＿＿15＿＿（踊る）ようにして家に持ち帰った。

    元旦の食卓は簡素だった。このことは以前から母に聞かされていた。この正月膳に呆れ

果て（十分惊讶）、新年の福の神は来訪を中止した。父に定職（固定工作）はなかった。

　　　　16　　　（隠す）て持ち帰ったあんパンを食卓に並べた。皆が息を潜める。甘い香りが漂う。2つずつ配り、6人　　17　　12個必要。私の分はない。それを見た母は1つをそっと私の所に置いた。　　18　　（返す）とすると眼で制した（制止）。微笑の奥に涙を隠した顔だった。

　　下3人の兄弟は夢中でかぶりついた。私はこの時とばかりに

　　「これがあんパンというお菓子だよ！」と偉そうに言い放った。世界で一番美味しくて　　19　　（きれい）お菓子に興奮し、初めて口にした元旦の日。

　　母は「あの正月は忘れる事ができません」と何度　　20　　手紙に書き綴った（写作）。今では母も家族も亡い。あの時のあんパン以上の香りと味と出会う日は、果たして（究竟）いつの日だろうか。

# 第十回

**第一节（共10小题；每小题1.5分，满分15分）**

　　阅读下面短文，从每题所给的A、B、C、D四个选项中选出最佳选项。

　　カレーの本場と聞くと、インドを連想する方がほとんどだと　　1　　。確かに今日、カレーとして伝わっている料理の発祥の地はインドです。　　2　　、インドにはカレーという食べ物は存在しません。

　　私達がカレーと呼んでいる物は、インドでは「香辛料やハーブ（香草）を使った汁状の料理」を表す単語　　3　　のです。それが伝わって現在のカレーができたと言われています。

　　1595年にオランダ（荷兰）の学者が発表した『東方案内記』では、すでにインド人が食べていた「カリール」　　4　　米に汁をかけた料理に関する記載があり、　　5　　、1681年にイギリスの学者が発表した『セイロン史』では、スパイス（辣椒）を大量に使った汁状の料理、カリーズのことが記されています。

　　現在のカレーは、インドで　　6　　カレーに様々な工夫が施された（被加工改良）ものと言えます。

　　現在、カレー粉と呼ばれているものはイギリスで作られたものなのです。カレーがイギリスに伝わった時点で、　　7　　の人気料理でしたが、作るたびにスパイスの調合をしなけ

ればならなかったため、カレーパウダーが発明されました。それ＿＿8＿＿18世紀に初代ベンガル（孟加拉）総督が持ち帰り、クロス・アンド・ブラックウェル社が商品化することになったのです。それがカレー粉の＿＿9＿＿です。

そして、＿＿10＿＿小麦粉が加えられ、現在のようなとろみのある（黏稠的）カレーが誕生することになったのです。

1. A. 思わられます　　B. 思えています　　C. 思わせます　　D. 思われます
2. A. それで　　　　　B. それに　　　　　C. しかし　　　　D. しかも
3. A. に違いない　　　B. に過ぎない　　　C. にしかたない　D. にしようがない
4. A. という　　　　　B. をいう　　　　　C. にいう　　　　D. がいう
5. A. また　　　　　　B. または　　　　　C. もしくは　　　D. まだ
6. A. 生んだ　　　　　B. 生まれた　　　　C. 生ませた　　　D. 生まさせた
7. A. だいぶ　　　　　B. 非常に　　　　　C. かなり　　　　D. とても
8. A. が　　　　　　　B. で　　　　　　　C. に　　　　　　D. を
9. A. はじまり　　　　B. はじめ　　　　　C. はじめて　　　D. はじめまして
10. A. いつも　　　　　B. いつの間にか　　C. 間もなく　　　D. いつか

**第二节（共 10 小题；每小题 1.5 分，满分 15 分）**

阅读下面短文，在空白处填入适当的助词或括号内单词的正确形式，括号内单词有下画线时，写出该单词的汉字或假名。

「寂しくなったら開けてみてね。」

入院中の私＿＿11＿＿見舞いに来てくれた 3 歳の娘が、そう言って私に 1 本のペットボトル（塑料瓶）を手渡してくれた。中身は空だった。娘は、きょとん（发呆）とする私の反応を見て＿＿12＿＿（嬉しい）そうに笑うと

「また明日ね！」と言って帰っていった。

改めてそのペットボトルを見てみると、表面には＿＿13＿＿（覚える）ばかりの字で「ゆり」と書いてあり、マジック（油性笔）で＿＿14＿＿（鮮やか）ゆりの絵が描かれている。確かにキャップ（瓶盖）は＿＿15＿＿（固い）閉められている。謎が残るまま翌日、娘にどういう意味なのか＿＿16＿＿（たず）ねると

「まだ内緒！」

と言ってまた新たなペットボトルをくれた。今度はなぜか「おこのみやき」と書かれており、表面にはお好みソースのパッケージが貼り付けられていた。

その夜、私はついに気＿＿17＿＿なってそのペットボトルを開けてみた。相変わらず中身（内容物）は空だが、キャップを開けた瞬間、ふわっと（轻轻飘过）ソースの香ばしい香りがしたような気＿＿18＿＿した。そして私は数日前、娘と夫が2人でお好み焼を作って食べたと言っていたのを思い出した。きっとこれは、一緒に＿＿19＿＿（食べる）ない私のために届けてくれた、香りのお裾分けなのだろう。

それから、娘が見舞いに来てくれる度にペットボトルは増えていき、シャンプー、入浴剤、ホットケーキなど、様々な香りが詰まった色とりどりのボトルが病室を彩り、辛い闘病生活（与病魔抗争的生活）を乗り越える支えとなった。

あの時のペットボトルのキャップはすべて開けてしまったが、娘の想いは今も変わらずそこにある。癒しと元気をくれる魔法のボトルは、私の＿＿20＿＿（宝）物だ。

# 第十一回

**第一节（共10小题；每小题1.5分，满分15分）**

阅读下面短文，从每题所给的A、B、C、D四个选项中选出最佳选项。

よく利用していたカフェ（咖啡馆）が閉店した。駅の近くのこのお店は、いつも混んでいて、「今日は空いている席がないね」と＿＿1＿＿こともしばしば（屡次）だった。

人が行き来（来往）する、外側を向いて座るカウンター席（吧台席位）が、私と主人のお気に入りである。外を眺め＿＿2＿＿、「あのおじいさんはおしゃれだね」「あのご夫婦はハイキング帰りかな」など、主人との休日のティータイム（喝茶放松的时间）を楽しんでいた。

また娘ともよく行った。高校の帰りに駅で待ち合わせをする。紺色（藏青色）の制服＿＿3＿＿、教科書と部活の練習着の入った大きなリュック（帆布背包）を背負った娘が、私を＿＿4＿＿、少々微笑みの顔でやって来る。

カフェで、部活の話や友達の話、受験の話など、色々な話をした。＿＿5＿＿、大学生となった娘と初めて待ち合わせた日、あのいつもの制服ではなく、うっすら（薄薄地）とお化粧をした娘が目に入り、驚いた。毎朝送り出していて、分かってはいたが、外で見る娘に、

___6___成長を感じた。

時には一人でコーヒーを飲みにも行った。隣の席に座った70歳代ぐらいの女性が、スマホを見ている。___7___はいけないと思いつつ、ちらっと（瞥）見てみたら、ライン（日本即時通讯软件）をしておられ、画面には友達がずらっと（一长列）たくさん登録されている。私より___8___多い。なぜか私も負けてはいられないなあと思い、これからの人生、色々なこと___9___挑戦しなければと、刺激された。

シャッター（卷闸门）が閉まったお店の前を通るのは___10___が、ありがとうと心の中でつぶやいている。

1. A. 諦める     B. 言う     C. 行く     D. 確かめる

2. A. まま     B. ながら     C. きり     D. から

3. A. を     B. が     C. に     D. より

4. A. 気を付け     B. 駆けつけ     C. 片つけ     D. 見つけ

5. A. それこそ     B. それで     C. それに     D. そして

6. A. 含めて     B. 込めて     C. 改めて     D. 極めて

7. A. ひいて     B. のぞいて     C. およいで     D. さわいで

8. A. ずっと     B. そっと     C. きっと     D. ぱっと

9. A. に     B. が     C. を     D. で

10. A. きびしい     B. さびしい     C. おかしい     D. あやしい

**第二节（共 10 小题；每小题 1.5 分，满分 15 分）**

　　阅读下面短文，在空白处填入适当的助词或括号内单词的正确形式，括号内单词有下画线时，写出该单词的汉字或假名。

　　刑事ドラマ（刑侦剧）でおなじみ（熟悉）の場面といえば取調室（审讯室）。そこで容疑者がカツ丼（炸猪排饭）を食べるというシーンは定番ですね。

　　「すいません、やったのは俺です。」

　　カツ丼を噛みしめる（用力嚼）ように食べていた容疑者が、___11___（なみだ）ながらに自白（供认；坦白）を始めます。固く閉ざされていた容疑者の心を___12___（開）いたのは、刑事たちの人情と、___13___（温か）一杯のカツ丼でした……。

そもそも、なぜカツ丼なの？本当に出されるの？と思ったことはありませんか。

ドラマでカツ丼が定番（固定节目）になった理由とあわせて解説していきます。

実際は、現在取り調べの際に食べ物を出すことは禁止されているそうです。

食べ物を出すことは「自白を誘導する」という行為にあたるからで、カツ丼____14____限らず、おにぎりやパン、そしてタバコなどの嗜好品も禁止されています。

なので、食事は一旦、留置場（拘留所）へ戻ってとることになっています。

続いて、なぜ取調室といえばカツ丼というイメージが定着したのか。

戦後間____15____なかったころの日本では、カツ丼が最高のご馳走と____16____（する）ていて、実際に 1963 年に起きた誘拐事件では、犯人の自白を____17____（引き出す）ためにカツ丼が出されたという逸話が残っています。

これ____18____きっかけにしてカツ丼のイメージができあがりました。

そして、テレビで刑事ドラマが____19____（放送する）ようになった頃には、警察や刑事の人情を感じさせものとして、カツ丼が使われるようになったのです。

それからは____20____（長い）刑事ドラマの取り調べシーン（场景）に登場するようになり、カツ丼のイメージが定着（固定）していったのでした。

# 第十二回

**第一节（共 10 小题；每小题 1.5 分，满分 15 分）**

　　阅读下面短文，从每题所给的 A、B、C、D 四个选项中选出最佳选项。

「いってらっしゃい。」

クリスマス明け（过后）の月曜日の朝、僕は保育園____1____向かうお父さんと妹に不安そうに言った。お母さんは昨日____2____夜勤でいない。朝から僕は咳がとまらない。慌てた様子のお父さんを見て、僕は一人で初めてのお留守番（看家）をすることに決めた。

二人を見送った後、ドキドキしながら布団に潜って時間が過ぎるのを待った。しばらく____3____「トントン」という何かは分からない音が聞こえた。僕は急に怖くなった。気をまぎらわせる（转移注意力）ために、サンタさん（圣诞老人）にもらったおもちゃで遊ぶ____4____にした。サンタさんから少し勇気をもらった。そして、家族みんなの笑顔を思い出して「よしっ」と言った。それでも時間が経つのがとてもゆっくり感じた。宿題をしなが

ら待っている___5___、玄関のドアが鳴った。僕は泥棒が入ってきたと思い、急いで机の下に___6___。少し遅れて、「ただいま。」と言うお母さんのやさしい声が聞こえて僕はホッとした。

　　僕は四時間の___7___をお母さんに話しながら、耳鼻科につれて行って___8___。お母さんは、僕の話をうなずきながら笑顔で聞いていた。やっぱり僕はお母さんの笑顔が大好きだ。そして、家族の大切さ___9___気づいた。

　　僕は、また家族みんなのお手伝いをしたいと思った。この冬、ちょっとだけ大人になった___10___。

1. A. で　　　　　　B. を　　　　　　C. が　　　　　　D. に
2. A. より　　　　　B. に　　　　　　C. から　　　　　D. まで
3. A. できて　　　　B. して　　　　　C. されて　　　　D. させて
4. A. こと　　　　　B. ため　　　　　C. はず　　　　　D. まま
5. A. と　　　　　　B. なら　　　　　C. こと　　　　　D. まま
6. A. わすれた　　　B. かくれた　　　C. かれた　　　　D. やぶれた
7. A. 事態　　　　　B. 事件　　　　　C. 出来事　　　　D. 仕事
8. A. やった　　　　B. くれた　　　　C. あげた　　　　D. もらった
9. A. も　　　　　　B. を　　　　　　C. から　　　　　D. に
10. A. 気を付けた　　B. 気にした　　　C. 気がした　　　D. 気になった

**第二节（共10小题；每小题1.5分，满分15分）**

　　阅读下面短文，在空白处填入适当的助词或括号内单词的正确形式，括号内单词有下画线时，写出该单词的汉字或假名。

　　わが子が中学受験勉強で「最凶（最不好）」の事態に陥ってしまう……私は「子どもが勉強嫌いになってしまうこと」だと考えます。そもそも勉強というのはそれまで___11___（知る）なかった「知識」や「教養」を授ける（教授）ものであり、本来わが子の視野を広げる、世界が広がる___12___（大変）エキサイティング（兴奋）なものです。

　　ところが、中学受験勉強に専心しているうちに、勉強に嫌気___13___さしてしまう、勉強に向かうことに恐怖心を抱いてしまう……これは本末転倒（本末倒置）と言わざるを得ませ

ん（不得不说）。このような由々しき（严重的）事態を＿＿14＿＿（招）くのは、保護者のわが子への接し方が大きいのだろう＿＿15＿＿、これまでの経験上感じています。

その日のテストで「70点」の答案を持って帰ってきました。まず褒めてやることが＿＿16＿＿（する）保護者はどれくらいいるでしょうか。

私は大半の保護者は「できなかったもの」ばかりに目を留める傾向にある＿＿17＿＿踏んでいます。「あなた、このできなかった30点はどういうこと？」

子供に対してこんなふうに責め立ててしまう……それが積み重なると、子どもは間違えることがどんどん＿＿18＿＿（怖い）なってしまい、結果的に勉強が負担になってしまうのです。

わが子をなかなか＿＿19＿＿（褒める）ないのは「距離が近い」保護者ゆえ当然のことです。だからこそ、勉強面については塾などの第三者にある程度託して、保護者はちょっと離れたところから見守るという＿＿20＿＿（しせい）を貫いたほうがよさそうです。

# 第十三回

第一节（共10小题；每小题1.5分，满分15分）

阅读下面短文，从每题所给的A、B、C、D四个选项中选出最佳选项。

ラーメンがどこで生まれたか＿＿1＿＿は諸説あってあらゆる人が納得するような定見（固定的看法）は現在の＿＿2＿＿、ないようです。

しかし、大まかな流れはある程度は分かっており、ラーメンが中華麺など＿＿3＿＿表記されることからも分かるように中華料理店でどんぶり（大碗）の中にスープを入れ、麺を漂わせ（使漂浮）、チャーシュー（叉烧）、メンマ（干笋）、ネギ（葱）、海苔などの具（浇头）を麺の上にのっけた（放置）商品を出すようになったのが起源ではないかと推定＿＿4＿＿います。

日本では、まず1488年に経帯麺という現在のラーメン＿＿5＿＿近いレシピで作った食べ物が存在したようです。

1697年＿＿6＿＿、水戸黄門で有名な水戸光圀公が「中華麺」を食べたという記録が現れます。＿＿7＿＿、この時点ではどの程度日本に広まっていたかは分かりません。明治維新を＿＿8＿＿ころより外国人が日本に住むようになっていき、中華料理を出すお店も＿＿9＿＿出店

（开店）されるようになっていきます。

＿＿＿10＿＿＿、1910 年、浅草の地に最初のラーメン屋であると考えられる「来々軒」が誕生します。これがラーメンの最初ではないかと考えられています。

1. A. にかけて　　　　B. について　　　　C. につれて　　　　D. にわたって
2. A. ところ　　　　　B. こと　　　　　　C. もの　　　　　　D. はず
3. A. を　　　　　　　B. が　　　　　　　C. と　　　　　　　D. に
4. A. させられて　　　B. させて　　　　　C. して　　　　　　D. されて
5. A. で　　　　　　　B. を　　　　　　　C. が　　　　　　　D. に
6. A. になると　　　　B. にすると　　　　C. にすれば　　　　D. になるなら
7. A. すなわち　　　　B. または　　　　　C. しかし　　　　　D. だけに
8. A. おぼえた　　　　B. おえた　　　　　C. はえた　　　　　D. おしえた
9. A. どんどん　　　　B. だんだん　　　　C. じょじょ　　　　D. しだい
10. A. それも　　　　　B. それに　　　　　C. それで　　　　　D. そして

**第二节（共 10 小题；每小题 1.5 分，满分 15 分）**

　　阅读下面短文，在空白处填入适当的助词或括号内单词的正确形式，括号内单词有下画线时，写出该单词的汉字或假名。

　　社交的で、初対面の人とも、話がすらすら（滔滔不绝）とできて感じの良さもあるというのに、相手を聞き役（听者角色）から解放する配慮がないまま、自分ばかりが好きなように話し続ける人は少なくありません。

　　聞き役の疲労感をおもんばかって（考虑）、自分が話す＿＿＿11＿＿＿を止める決断をすることは、＿＿＿12＿＿＿（重要）意味があります。

　　会話＿＿＿13＿＿＿通じて、互いの関係性をうまくつかめる人は、まずは、自分が話す内容や姿を、客観的に＿＿＿14＿＿＿（観察する）てみることです。

　　その際、気をつけることは以下の 3 点です。

　・その話は相手にとって意味があるのか。

　・自分ばかりが 1 分以上、話していないか。

　・第三者のことより目の前の相手の＿＿＿15＿＿＿（じょうほう）を自分は知っているのか。

これらの問いを頭の中で答えてみましょう。すると、「自分が　16　（話す）たいだけで、相手にとってはどうでもいい内容だ」「今は5分しかないから、他人の話ではなく、目の前の相手としかできない話題に　17　（集中する）よう」「そういえば、相手について何も聞いていなかった」などと、気づくきっかけとなるでしょう。

第三者の話を当たり前のように長々としてしまう人は、目の前にいる会話の相手を置き去り（置之不理）にしていることに気づかず、　18　（気分よい）自分の世界に浸っている　19　思われても仕方がありません。

相手を置き去りにする会話を見直し、会話の相手に合わせた話題選びや、話す長さなどを考慮できる人としての人生を　20　（歩）んでいくことで、あなたの交友関係はより豊かさを増していくのです。

# 第十四回

**第一节（共10小题；每小题1.5分，满分15分）**

　　阅读下面短文，从每题所给的A、B、C、D四个选项中选出最佳选项。

一月の寒い日、深夜一時　1　の話です。「どすん、ばたん！（拟声词）」と庭で大きな音がして目が覚めました。大きなものが落ちるような、そして倒れるような音で、　2　寝ていた私や家族は飛び起きました。そんな時間に誰かが何かをする　3　考えられない、普通じゃないことが起きたのだと思いました。とにかく（不管怎么说）怖くて、私は布団の中　4　震えていました。外を覗いて見た家族も一体、何が起きたのか暗い外の様子はよく分からなかったようです。

翌日、外の様子を見て驚きました。庭先に置いて　5　自転車が倒され、植物も荒らされた（被弄乱）のです。あの音はこれだったんだ。

その様子を見て、両親が警察に連絡すると、すぐに三人のおまわりさん（巡警）がパトカー（巡逻车）に乗って来　6　ました。男性のおまわりさんが二名、女性のおまわりさんが一名、心配　7　見えてパトカーから降り　8　のを覚えています。

そんなおまわりさんたちは、夜中、我が家に起きたこと、聞いた音、思い当たること、感じたこと、壊されたもの、とにかく色々な事を聞いてくれました。荒らされた庭の写真を撮り、おまわりさんの経験　9　推測で「こんなことが起きたのではないか」と教えて

くれました。実際、近隣では民家の庭先に不審者（可疑人员）が侵入するという事が多く起きていたそうです。防犯のアイデアや心構え（心理准备）も教えてもらい、パトロールもしてくださる　　10　　ことでした。

1. A. の　　　　　　B. ぐらい　　　　　C. ごろ　　　　　　D. だけ
2. A. はっきり　　　B. ぐっすり　　　　C. すっきり　　　　D. しっかり
3. A. でも　　　　　B. なにか　　　　　C. なんて　　　　　D. ほど
4. A. に　　　　　　B. を　　　　　　　C. が　　　　　　　D. で
5. A. あった　　　　B. ある　　　　　　C. みた　　　　　　D. みる
6. A. てくれ　　　　B. てもらい　　　　C. てあげ　　　　　D. てやり
7. A. らしく　　　　B. みたいに　　　　C. そうに　　　　　D. ように
8. A. てあった　　　B. くいた　　　　　C. ていった　　　　D. てきた
9. A. に　　　　　　B. や　　　　　　　C. さえ　　　　　　D. とも
10. A. との　　　　　B. かの　　　　　　C. にの　　　　　　D. での

**第二节（共 10 小题；每小题 1.5 分，满分 15 分）**

　　阅读下面短文，在空白处填入适当的助词或括号内单词的正确形式，括号内单词有下画线时，写出该单词的汉字或假名。

　　私たちのコミュニケーションには、2 つの要素　　11　　あります。

　　ひとつは、「言葉」や「文字」「表情」など、我々が比較的容易に感知できる「コンテンツ（内容）」。もうひとつは、相手の「感情」や「意識」「価値観」など、表から見えにくく感知が　　12　　（困難）「コンテクスト（接触）」。この両方に気　　13　　配ることが重要です。

　　俗にいう「コミュニケーション力が高い」　　14　　（<u>じょうたい</u>）を目指すにあたり、多くの人は前者の目に見えてわかりやすい「コンテンツ」を強化しようとするものです。

　　具体的には、

　　「　　15　　（面白い）相手をひきつける（吸引）話題を提供する」

　　「ロジカルで（有逻辑的）わかりやすい構成で　　16　　（<u>伝</u>）える」

　　「大きな声でハキハキと、笑顔で話す」

　　などが挙げられます。

もちろんこれらも重要ですが、実は効果が大きい___17___は後者の「コンテクスト」を意識することです。

たとえば、会話をする上でも、

「なんとなく反応が鈍いから、この話は早々に切り上げて次の話題に___18___（移る）」

「スポーツ観戦が好きだという相手に合わせて、サッカーにたとえて話してみよう」などと、相手の状況や感情を___19___（意識する）ながら会話するほうが、効果は大きいのです。

特にビジネス上のコミュニケーションの場合、相手が自分と同じ感情や共通の価値観を持っていることはあまり期待できません。

なので、「そもそも、根本的に相手とは理解し___20___（合う）ていない」という前提で、「相手の気持ちを意識し、共感すること」が重要になってくるのです。

# 第十五回

## 第一节（共 10 小题；每小题 1.5 分，满分 15 分）

阅读下面短文，从每题所给的 A、B、C、D 四个选项中选出最佳选项。

私たちは物事をジャッジする（评判）とき、善悪は対象に属していると思っていると。そうではない。

自分の解釈が善悪正誤を決めているのだ。あなたが誰___1___の行動や発言に「善悪」をつけたとき、そこで明らかになるのは、あなたが長年培って___2___価値観であり、信条だ。それはどのようにして身につけたのだろう。

赤ん坊（婴儿）の頃は何を___3___「すごいね」「よくできたね」とほめられた___4___だ。いつのまにか「それはしてはいけない」「正しいやり方でしなさい」、「そんなこともできないの」と言われるようになる。___5___、「それはいけない」が車道に飛び出そうとする子供を危険にさらさない（避免危险）ように一瞬の制止であれば、生と死に基づいた問答無用のジャッジである___6___、是非は問えない（无法判定是非）。

ところが、言葉をうまく___7___ようになるくらいから、次第に社会の枠内（框架内）での善悪に敵うかどうかで判断されるようになる。「みんなの迷惑になるから静かにしようね」とか「そんなことしていると恥ずかしいと思われるよ」___8___、柔らかい言い方であ

りながら、身体をきっちり（緊緊地）拘束する（约束）言葉を___9___ようになる。

そのジャッジは___10___の親が身につけた考えに従っている。私たちは自分の体験を親や周囲に教わった善悪正誤の枠に従って分類するようになる。

1. A. か　　　　　　B. が　　　　　　C. に　　　　　　D. で
2. A. いった　　　　B. きた　　　　　C. いく　　　　　D. くる
3. A. すれば　　　　B. したら　　　　C. しても　　　　D. するか
4. A. べき　　　　　B. ところ　　　　C. こと　　　　　D. はず
5. A. あるいは　　　B. ただちに　　　C. はたして　　　D. とはいえ
6. A. で　　　　　　B. わけ　　　　　C. から　　　　　D. が
7. A. つぶやく　　　B. しゃべる　　　C. いう　　　　　D. かたる
8. A. といった　　　B. という　　　　C. とは　　　　　D. というのは
9. A. 耳をする　　　B. 耳にする　　　C. 耳がする　　　D. 耳でする
10. A. あれこれ　　　B. たちまち　　　C. それぞれ　　　D. あちこち

**第二节（共 10 小题；每小题 1.5 分，满分 15 分）**

阅读下面短文，在空白处填入适当的助词或括号内单词的正确形式，括号内单词有下画线时，写出该单词的汉字或假名。

ここにリンゴが 10 個あります。これを 3 人___11___公平に___12___（分ける）のですが、あなたならどう分けますか？

「3 個ずつ分けて、残った 1 個を 3 等分する」が答えになります。一方、「ジュースにして 3 等分する」という答えも___13___（いい）見かけます。

「ジュース___14___する」方法は、一見「なるほど」と思うのですが、そもそもジュースではなく、リンゴを食べたかった人がいたら不満が残ると思うんです。

「3 個ずつ分けて、残った 1 個を 3 等分する」も___15___（<u>平等</u>）そうに見えるのですが、1 個を 3 等分するときに、ぴったり同じ大きさには___16___（切る）ないと思うので、これも不平が出るかもしれません。

そこで僕が考えた解決法はこれです。

「まず 10 個のリンゴを 3 個ずつに分けて、残った 1 個を A さんが 3 等分して、B さんと

Cさんがジャンケンをする。　　17　　（勝つ）ほうから3等分のうち1つをとって、残りをAさんがとる。」

切った人以外でじゃんけんをして、勝った人から3等分のなかで好きなものを選ぶようにすれば不満が出ません。切った人は1番小さいリンゴになるのですが、それに関しては　　18　　「（うまい）3等分できなかった人の責任」だから文句　　19　　（言う）ないよね、という考え方です。

社会問題などの解決策を考える際は「みんなが満足する答え」がない場合が多いので、僕は最初から考えないことが多いです。ただ、この問題には「公平に分ける」という　　20　　（じょうけん）があるので、僕なりに（按照我的想法）公平な解決法を考えてみました。

# 第十六回

第一节（共 10 小题；每小题 1.5 分，满分 15 分）

　阅读下面短文，从每题所给的 A、B、C、D 四个选项中选出最佳选项。

信号機に使われる色はCIE（国際照明委員会）　　1　　決められており、そのうち交通信号機には「緑・黄・赤」の3色を使うこととされています。日本で「進むことが　　2　　」という意味を示す信号の色は緑でありながら、「青信号」と呼びますが、これは　　3　　なのでしょうか。

実際には緑色の灯火の　　4　　なのに、実は道路交通法施行令にも「青色の灯火」との記載があります。日本だけが「青信号」と呼ぶのは、日本独特の文化が関係していると言えそうです。日本では古くから赤の対極にある寒色（冷色）を「青」と呼ぶ習慣があり、緑色に見えても「青」と表現し　　5　　。現代でも「青葉」や「青虫」　　6　　表現にその名残（残余）があります。

3色灯の自動信号機が増えていきますが、1933年に制定された信号機の運用に関する公式文書　　7　　、アメリカの「green light」にならって「緑信号」と記載されていました。

　　8　　、当時の新聞などは国内最初の自動式信号について信号機の色が「青・黄・赤」であると報じていました。新聞による情報拡散力　　9　　、伝統的に緑を青と表現してきた日本文化と、語呂がよかった（順口）こともあり、　　10　　「青信号」が定着してしまい、

1947 年には法令上も「青信号」に改められて今に至ります。

1. A. にわたって　　　B. にとって　　　C. にそって　　　D. によって
2. A. する　　　　　　B. できる　　　　　C. される　　　　　D. させる
3. A. どこ　　　　　　B. どれ　　　　　　C. なぜ　　　　　　D. だれ
4. A. はず　　　　　　B. わけ　　　　　　C. べき　　　　　　D. まま
5. A. てみました　　　B. てありました　　C. ていきました　　D. てきました
6. A. といった　　　　B. という　　　　　C. とは　　　　　　D. との
7. A. からは　　　　　B. には　　　　　　C. では　　　　　　D. へは
8. A. さらに　　　　　B. しかも　　　　　C. しかし　　　　　D. だから
9. A. にして　　　　　B. につき　　　　　C. にかけ　　　　　D. にくわえ
10. A. そのかぎり　　　B. そのまま　　　　C. そのかわり　　　D. その終わり

**第二节（共 10 小题；每小题 1.5 分，满分 15 分）**

　　阅读下面短文，在空白处填入适当的助词或括号内单词的正确形式，括号内单词有下画线时，写出该单词的汉字或假名。

　　あるテレビ番組で、無人になってしまった故郷の島に 1 人＿＿11＿＿何年も住んでいるという男性が特集されていた。仕事を引退したあと島に移住したそうで、故郷で過ごした少年時代を＿＿12＿＿（思い出す）ながら日々暮らしているという内容だった。

　　美しい島の海や自然を眺めながら、さぞ（想必）悠々自適（悠然自得）の生活なのだろうな、＿＿13＿＿私は素直に思った。この番組を観た多くの人がそう思うだろう。自然に＿＿14＿＿（囲）まれた島での暮らし、街の喧騒もなく、空気も美しく、人間関係に煩わされることもない。番組のスタッフは視聴者のそうした気持ちを先読みしたかのように、「＿＿15＿＿（自由）暮らしで、さぞ日々ゆっくりした時間を過ごしているのでしょうね」と男性に問いかけた。ところが、男性が次のような答えを返したのは、その番組を観ていた多くの人にとって意外だっただろう。

　　「じつは、朝から晩まで休む暇なく働いているんですよ。」

　　私たちはみな、他者の労働を＿＿16＿＿（しょうひ）している。そのことを、「共生」と呼んだり、「互酬（互利）」と言ったり、「人はみな生かされている」と感じてみたりする。

しかし、単なる建前や信条ではなく、そのありがたさを本当に実感する社会がすぐそこに迫っている。

　　まわりに頼れる人がほとんどいない離れ小島で、ほかの人の労働の力を借りずに日々を　　17　　（送る）としている男性の生活は、そのことをありありと表しているように思う。ごはんは自分でつくり、足りない食料品や生活用品を街まで買い出し　　18　　行き、家のまわりの道が　　19　　（壊れる）ば自分で補修（修补）する。私たちが日々の生活を送るうえで他者の労働の恩恵を受けられ　　20　　（ない）ば、生活するだけで「休む暇もなくなってしまう」のだ。

# 第十七回

第一节（共 10 小题；每小题 1.5 分，满分 15 分）

　　阅读下面短文，从每题所给的 A、B、C、D 四个选项中选出最佳选项。

　　「夏休みの宿題、早く終わらせなさい」と口うるさく言う母に、私は「分かってる」と一言　　1　　答えた。母は勉強について私に話すとき、いつも以上に熱心に話してくる。　　2　　私は、今年は受験生なのだから仕方ない、確かにそうだ、もっと頑張ろう、と素直に思えない。

　　「じゃあ、お母さんは学生時代、どのくらい勉強してたの」といつもケンカ腰に（气势汹汹）聞き返して　　3　　。けれど正論を言う（发表正确的言论）のは、決まって（一定）母の方だ。

　　ある日、私は自分自身のパッとしない（不满的）受験生の生活を変える　　4　　、母に自ら勉強についての話を切り出した（说出）。

　　「どこ高だったの」「勉強はしてた？偏差値は？」。私は母にいくつか質問をしたが、パッとした答えは返ってこなかった。母は頭がよい方だが、自分の学歴に満足していないようだった。

　　　　5　　私は、「もっと勉強したらもう少し上の学校に行けたんじゃない？」と聞いた。これに対して母は、「時間がなかった」とだけ答えた。

　　私は、母が12歳のときに父親を亡くして　　6　　、ずっと苦労してきたことを思い出した。そんな母に向かってつべこべ言っていた（讲歪理）自分が、非常にちっぽけ（渺小）に感じて、　　7　　なった。

「お母さん＿＿8＿＿なってほしくない、あんたには勉強する時間も環境もあるからできる
だけ勉強してほしい」と言った。どれも正論過ぎて返す言葉が＿＿9＿＿。私はいつもと違う
心境で「分かっている」と言ってから、＿＿10＿＿勉強机に向かった。

1. A. だけ B. ぐらい C. しか D. ばかり
2. A. さて B. けれども C. なので D. どうしても
3. A. おく B. ある C. しまう D. くる
4. A. のに B. には C. ように D. ために
5. A. そのほか B. それから C. それで D. そこで
6. A. ばかり B. いき C. 以来 D. きり
7. A. いそがしく B. はずかしく C. おかしく D. ただしく
8. A. みたいに B. らしく C. ように D. そうに
9. A. 減った B. あった C. なかった D. 増えた
10. A. こそ B. ずつ C. すぐ D. すこし

**第二节（共 10 小题；每小题 1.5 分，满分 15 分）**

阅读下面短文，在空白处填入适当的助词或括号内单词的正确形式，括号内单词有下画
线时，写出该单词的汉字或假名。

我々は他者との言葉のやりとり（対話）に際し、相手や場面＿＿11＿＿応じた様々な配慮
の下に敬意表現を使っている。

日本にはいわゆる目上を敬う（敬重）ばかりでなく、相手を思いやり、相手を立てて自
らはへりくだる（謙遜）態度を一定の言語形式に乗せて表す慣習＿＿12＿＿ある。その「一
定の言語形式」が敬語であり、国語の体系の根幹にかかわる存在である。敬語はこのよう
に長い＿＿13＿＿（れきし）を持つ日本の文化であり、日本人の精神的な基盤（基礎）にか
かわるものごと＿＿14＿＿考えられる。その一方で、立場の上下意識を＿＿15＿＿（強調する）
過ぎる面や、用法が煩雑（烦杂）で一般の人には習得困難な面もあった。

「敬語は、人間を上下に位置付けようとするものであり、現代社会には，なじまないよ
うにも思います」と主張する人もいますが、どう＿＿16＿＿（考える）ば良いのでしょうか。

敬語の持つ意味は、時代によって変わっています。敬語が人間の上下関係を表すこと

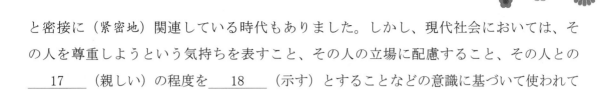

と密接に（紧密地）関連している時代もありました。しかし、現代社会においては、その人を尊重しようという気持ちを表すこと、その人の立場に配慮すること、その人との___17___（親しい）の程度を___18___（示す）とすることなどの意識に基づいて使われていると言ってよいでしょう。

すべての人は基本的に平等です。したがって、一方が必要以上に尊大（骄傲自大）になったり卑下（低声下气）したりすることなく、お互いに尊重し合う気持ちを___19___（大事）しなければなりません。このような「相互尊重」の気持ちを基本として敬語を使うことが、現在も、また___20___（将来）においても重要です。

# 第十八回

**第一节（共 10 小题；每小题 1.5 分，满分 15 分）**

阅读下面短文，从每题所给的 A、B、C、D 四个选项中选出最佳选项。

すっかり春本番を迎え、お花見___1___が到来。桜を観賞しながら、美味しいものでも食べたいですが、このお花見という行事、___2___いつからあるものなのか。

日本人がお花見を楽しむようになったのは、奈良時代からという説（说法）があります。中国から日本に___3___文化で、初めは梅を観賞する行事でした。

梅は、唐文化の象徴で、日本の貴族たちの間___4___「観梅」と言い、梅を観賞するのが風流とされていました。

___5___、唐の文化そのままではなく、日本独自の文化に発展させていこうという動きが強まっていき、日本に___6___ある桜を観賞する行事に変化していきました。平安時代の貴族たちは「桜狩り」と称して、山に出向く___7___のです。

それが、民間に広まったのはいつなのか。

江戸幕府の8代目の将軍、徳川吉宗が東京の飛鳥山に桜の名所をつくり、花見の時季___8___は庶民に無礼講（不分高低貴贱）を許したんです。桜を見ながら宴会をするという文化は、このころに生まれました。

花見には実はもうひとつ別のルーツ（根源，起源）がある。農民の間で行われていた「豊作祈願」のお花見です。

田の神様は春になると山___9___里（村子）へ下りてきて桜の木に宿ると考えられており、

桜が咲いたのは田の神様がやってきた合図。桜の下で食事＿＿10＿＿お酒を楽しみ、田の神様をもてなした（招待）とされています。

1. A. ユニバーサル　　　B. ユニーク　　　　C. シーズン　　　　D. システム
2. A. いっぱい　　　　　B. いったい　　　　C. いっさい　　　　D. いっかい
3. A. 伝わる　　　　　　B. 伝わった　　　　C. 伝えて　　　　　D. 伝える
4. A. とは　　　　　　　B. へは　　　　　　C. には　　　　　　D. では
5. A. その後　　　　　　B. その前　　　　　C. そのかわり　　　D. そのこと
6. A. しばしば　　　　　B. いきいき　　　　C. もともと　　　　D. にこにこ
7. A. ようになった　　　B. ようにした　　　C. ことになった　　D. ことにした
8. A. さえ　　　　　　　B. だけ　　　　　　C. こそ　　　　　　D. ばかり
9. A. を　　　　　　　　B. から　　　　　　C. に　　　　　　　D. まで
10. A. まで　　　　　　　B. や　　　　　　　C. との　　　　　　D. でも

**第二节（共 10 小题；每小题 1.5 分，满分 15 分）**

　　阅读下面短文，在空白处填入适当的助词或括号内单词的正确形式，括号内单词有下画线时，写出该单词的汉字或假名。

　　ある日の仕事帰りのことです。

　　駅で乗り換え待ちをしていると、反対側のホームに到着した電車から、白杖（导盲杖）を持った男性が降りてきました。

　　少し気になり見ていると、どうも動きがおぼつきません（颤颤巍巍，不稳的样子）。白杖＿＿11＿＿慣れていないのか、この駅に慣れていないのか…。

　　＿＿12＿＿（気付く）ば私以外にも彼を気にしている人がちらほら。しかし声を＿＿13＿＿（かける）そうな人は見当たりません。ここは通過も多い駅、何かあってからでは遅いと思い、Uターンし彼のいる方へ向かいました。

　　もともと＿＿14＿＿（<u>積極</u>）的でも社交的でもない私は内心ドキドキ。驚かせてしまうから肩たたいたりするのはダメだよね？頼りない己の＿＿15＿＿（<u>きおく</u>）を頼りに「こんばんは」と正面から話しかけました。

　　聞くと、彼の目的地は次の駅。到着した＿＿16＿＿思ったら駅の様子が違って戸惑ってい

た（困惑）ようです。私は次の駅の改札まで見送り、彼と別れました。

再び1人になると、少しの達成感といくつかの反省点を感じました。

声のかけ方は合っていたか？もっと早く声をかけたらよかった。次があるのなら、今度はもっと早く、___17___（いい）声かけができる自分になっていたいです。

彼に声をかけてから別れるまで、時間にすれば20分足らず。短時間のやり取りでしたが、人同士の接触を___18___（控える）がちな昨今の中での非日常な出会いに心が元気___19___なりました。

次会えたらもう少しお話できればいいな、でも駅の降り間違いには気をつけてください、名も知らぬ___20___（優しい）げなおじ様。

# 第十九回

**第一节（共10小题；每小题1.5分，满分15分）**

　　阅读下面短文，从每题所给的A、B、C、D四个选项中选出最佳选项。

年末年始には、古くから伝わる風習がたくさんあります。でもその意味や正しい作法は、意外と知らないもの。お正月はさまざまな行事があります___1___、やってはいけないこともあります。

その一つが、元日の掃除です。

元日に掃除をすると、わざわざやってきた年神様を「掃き出す」ことになり、縁起が___2___とされています。洗濯も神様を水で洗い流すことになるので、___3___方がいいでしょう掃除の___4___に、料理もタブー（禁忌）とされています。理由は諸説ありますが、一つは「かまど（炉灶）の神様に休んで___5___ため」というもの。

昔は、あらゆる場所に神が宿ると信じられていて、煮炊きに使うかまどにも神様がいると考えられていました。そのため、お正月におせち料理を食べるという習慣が生まれたと言われています。お正月に料理をしない___6___、前年の大晦日までにおせち料理が作られるようになりました。

そのため、昔ながらのおせち料理には生物（生的东西）は入れ___7___、煮物や焼き物など日持ちする（耐存放的）ものが中心になっています。

掃除や料理がタブーとされる___8___一つの理由は、普段家事を担う人に休んでほしい

めでもあります。お正月ぐらいは家事を休んで、家族とゆっくり過ごせる　9　、という労い（犒劳）の意味も込められています。

怒涛のように走り抜けた（飞逝）年末。元日くらいは心穏やかに過ごしたいですね。掃除も料理も思い切ってお休みして、大切な人たち　10　時間を楽しみましょう。

1. A. から　　　　　　B. が　　　　　　　C. ので　　　　　　D. ため
2. A. 多い　　　　　　B. 速い　　　　　　C. 悪い　　　　　　D. 良い
3. A. さけた　　　　　B. かけた　　　　　C. まけた　　　　　D. ぬけた
4. A. もの　　　　　　B. こと　　　　　　C. ほう　　　　　　D. ほか
5. A. いただく　　　　B. あげる　　　　　C. くださる　　　　D. さしあげる
6. A. はやめに　　　　B. かわりに　　　　C. ことに　　　　　D. ごとに
7. A. ない　　　　　　B. ん　　　　　　　C. ず　　　　　　　D. ぬ
8. A. も　　　　　　　B. もう　　　　　　C. もし　　　　　　D. もしくは
9. A. には　　　　　　B. のに　　　　　　C. ために　　　　　D. ように
10. A. からの　　　　　B. での　　　　　　C. との　　　　　　D. への

**第二节（共 10 小题；每小题 1.5 分，满分 15 分）**

阅读下面短文，在空白处填入适当的助词或括号内单词的正确形式，括号内单词有下画线时，写出该单词的汉字或假名。

うららかな（明媚的）日和（晴好）の休日には、お　11　（べんとう）を持ってピクニック　12　出かけたくなります。いろいろな具を用意して、おにぎりを握る時間も　13　（楽しい）ものです。

江戸のにぎりめし（饭团）は丸型か三角型、関西のにぎりめしは俵型（袋状）という　14　は、よくいわれる文化の東西差です。もちろん、整然と西と東で区別できるわけではなく、四国松山地方では長三角の型であり、秋田では焼いたにぎりめしの変形としてきりたんぽ（米棒）が作られるなど、各地で独自の進化を遂げています。

文化の東西差　15　いえば、「おにぎり」または「おむすび」の名称もそれにあたります。「にぎりいい、にぎりめし」から変化したと思われる「おにぎり」は西日本、「（お）むすび」は東日本の呼称です。

　　近年では、西日本の「おにぎり」が東日本に入った結果、「おにぎり」が____16____（全国的）一般的な呼称になりつつあります。

　　西日本と東日本における文化の違いはよく指摘されることであり、にぎりめしのかたちの上でもそれは見られるのですが、名称の上では西日本の「おにぎり」が東日本を____17____（覆）うように広がるなど、常に対立するわけではありません。

　　コンビニのおにぎりは、関西でも三角型や丸形のものが多く____18____（売る）ており、その結果、西日本＝俵型というイメージはかつてほどではないでしょう。

　　西と東の文化が影響を与え合い、新しい姿に____19____（なる）つつある「おにぎり」は、現代においても進化を続ける日本文化のありかたを、わたしたちに____20____（教える）てくれます。

# 第二十回

**第一节（共 10 小题；每小题 1.5 分，满分 15 分）**

　　阅读下面短文，从每题所给的 A、B、C、D 四个选项中选出最佳选项。

　　みんなの役に立てます____1____。

　　そう願いを込めて、ピカピカ（锃光瓦亮）になるまで布で磨いた。

　　六年間ともに小学校へ通ったランドセル（硬型双肩包）。今、その真っ赤なランドセルは海の向こうへと旅立つ準備をしている。

　　二年前、私は____2____の本と出会った。そこにはアフガニスタン（阿富汗）の子どもたちに日本で不要になったランドセルを贈る活動のことが書かれていた。____3____、子どもたちの日常の様子の写真も載っていた。

　　アフガニスタンは、政治・宗教・民族などの複雑な事情が原因で、長く戦争状態が続いている国だ。このため、誰もが学校に通うための鞄や文具を揃えられる____4____ではないそうだ。また、____5____家庭では兄弟全員が学校に通えるとは限らないという。教室は無く、石ころ（石块）____6____の荒れ地に小さな黒板が一枚。机も椅子も無い。ランドセルが机の代わりだ。

　　____7____恵まれた環境ではない。しかし、子どもたちは家族のために学びたい、人の役に立ちたいと一生懸命だった。その姿に心が揺さぶられた。

同じ地球上で生きている___8___、日本とは大きく異なる厳しい教育環境に胸が痛んだ。今の私には、大きな活動はまだできない。しかし、この真っ赤なランドセルを贈ることはできる。一人___9___多くのアフガニスタンの子どもが学習でき、笑顔になってもらえたら嬉しい。

今回のことを___10___に、これからも世界で起こっている様々な問題に目を向け、自分ができることを探し続けたい。

1. A. ことに　　　　B. ように　　　　C. ものに　　　　D. ために
2. A. 一冊　　　　　B. 一本　　　　　C. 一個　　　　　D. 一回
3. A. もし　　　　　B. さて　　　　　C. また　　　　　D. だが
4. A. こと　　　　　B. わけ　　　　　C. はず　　　　　D. まま
5. A. おとなしい　　B. おかしい　　　C. とぼしい　　　D. まずしい
6. A. だらけ　　　　B. ぐらい　　　　C. ほど　　　　　D. まま
7. A. あらためて　　B. けっして　　　C. はじめて　　　D. そして
8. A. おかげ　　　　B. せい　　　　　C. ので　　　　　D. のに
9. A. ずつ　　　　　B. さえ　　　　　C. でも　　　　　D. まで
10. A. きっかけ　　　B. 中心　　　　　C. 意図　　　　　D. おわり

**第二节（共 10 小题；每小题 1.5 分，满分 15 分）**

阅读下面短文，在空白处填入适当的助词或括号内单词的正确形式，括号内单词有下画线时，写出该单词的汉字或假名。

2月14日といえば「バレンタインデー」です。欧米から___11___（伝わる）たバレンタインデーは、日本では女性が思い___12___寄せる男性にチョコレートを渡す日として定着（固定）していきました。そもそも欧米では「バレンタインデー」に___13___（大切）人に贈り物をする習慣はあるものの、女性から男性へチョコレートを贈る文化は、日本独自のものです。

昭和三十年代頃には、バレンタインデーが女性から男性へ想いを伝えるような行事となっていたようです。その想いに___14___（添える）た贈り物は、カード___15___はじめ、洋菓子、手芸品、花などでした。

1970 年代なかば以降には、バレンタインデーにチョコレートを渡す文化が定着したといえます。その後も日本では、男性が女性にお返しを贈る「ホワイトデー」、日頃の感謝の気持ちを　16　（表）す「義理チョコ」、同性同士で　17　（贈る）合う「友チョコ」など、バレンタインの習慣は社会の変化に応じて日本独自の進化を続けています。

　　18　（古い）から日本には、日頃（平时）お世話になった人に感謝の気持ちを表すお中元やお歳暮といった贈答文化　19　ありました。日本独自に進化した「ホワイトデー」「義理チョコ」などは、返礼、義理、共食による人間関係の確認や構築といった日本の贈答文化の特徴が受け継がれているといえるでしょう。ただ最近では、自分へのご　20　（ほうび）としての「自分チョコ」という現象まで登場しています。このように、日本の文化は海外から伝来（传入）した文化をそのまま伝えるだけでなく、新たな形へ変容（变样）する特徴があることがわかります。

# 第二十一回

第一节（共 10 小题；每小题 1.5 分，满分 15 分）
　　阅读下面短文，从每题所给的 A、B、C、D 四个选项中选出最佳选项。

　　我が家の息子はのんびり屋（慢性子）。せっかち（急性子）な私は一日に何度も「はやくしなさい」と叫んできただろう。そしてイライラ（焦急，生气）とため息（叹气）の日々。

　　そんな　1　、あじさい（绣球花）の鉢植（盆栽）を買ってきた。花が終わる頃、庭の隅っこ（角落）に挿し木（插枝）をしてみた。植物を　2　ことは苦手でうまくいったことがない。　3　、大好きな花で挑戦してみようと決めた。すると、みるみるうちに瑞々しい（水灵）緑の葉をつけ、株は大きくなった。初めてから大成功と、笑んでいた。毎日の水やりが楽しみになった。

　　数か月たった春。だんだん状況が怪しくなっ　4　。葉は相変わらず立派だ。だけど、つぼみ（花蕾）が全くない。これでは花が咲く　5　がない。肥料や水やりなど工夫したが効果はなし。どうしたものかと考えたが仕方がない。味気ない（无聊的）水やりが続いた。翌年も、その翌年も同じだった。もう諦めよう。抜いて別の花を、という考えが頭をよぎる（闪过）。しかし、　6　元気な葉を前に、決心はつかなかった。諦め　7　八年目の春。小さなつぼみを見つけたときは目を　8　。それも一つではなく、六つも。それから逞し

く成長し、艶やかな赤紫のあじさいが梅雨の庭を彩り豊かにして　9　。

　　成人した息子は今夏、小さな頃からの夢を追い、新たな世界に飛び出した。もう早く　10　とは言わないでおこう。心配しながら、そして楽しみながら気長に応援し続ける。それでいい。

1. A. とき　　　　　B. こと　　　　　C. もの　　　　　D. わけ

2. A. 耕す　　　　　B. 育てる　　　　C. 養う　　　　　D. 植わる

3. A. それに　　　　B. それから　　　C. それでも　　　D. それで

4. A. ていく　　　　B. てくる　　　　C. ていった　　　D. てきた

5. A. ところ　　　　B. もの　　　　　C. こと　　　　　D. はず

6. A. いわゆる　　　B. たぶん　　　　C. あまりに　　　D. だいたい

7. A. きった　　　　B. かけた　　　　C. だした　　　　D. こんだ

8. A. うたがった　　B. うかがった　　C. うたった　　　D. うなずいた

9. A. いただいた　　B. くれた　　　　C. もらった　　　D. あげた

10. A. できる　　　　B. される　　　　C. しろ　　　　　D. する

## 第二节（共 10 小题；每小题 1.5 分，满分 15 分）

　　阅读下面短文，在空白处填入适当的助词或括号内单词的正确形式，括号内单词有下画线时，写出该单词的汉字或假名。

　　　11　（新しい）カレンダー　12　変えることは、新年を迎えた 1 月の恒例行事ではないでしょうか。私たちの生活に　13　（か）かすことのできないカレンダーは、いつ頃から日本にあるのでしょうか。

　　すでに飛鳥時代（飞鸟时代）には中国大陸から伝わっていた暦（历法）ですが、江戸時代になると、三重県の伊勢神宮　14　静岡県の三島大社など各地の神社でも暦が作られました。この暦には、種まき（播种）の日など、一年間の農作業のための情報等が　15　（印刷する）ており、農家にとって大変重要な情報源でした。なお、今のカレンダーのように、メモを書き込む余白（空白）はありませんでした。

　　現在の 1 年 365 日のカレンダーが登場する　16　は、1873 以後のことです。この年に、それまでの太陰暦（阴历）から太陽暦（阳历）に変更されたためです。

私たちは、＿＿17＿＿（日付）や曜日を確認するだけでなく、カレンダーに予定を＿＿18＿＿（書き込む）だりします。

1922 の有島武郎『星座』にも、カレンダーに予定を書き入れ備忘録（备忘录）とする記載があり、いまの私たちと同様の＿＿19＿＿（使う）方が見られます。

このように、江戸時代に暦は農作業の予定を決めるための重要なものでしたが、時代が下り、大正頃までには、カレンダーを使用する人の予定を＿＿20＿＿（新た）書き込むためのものへと変化していったことがわかります。このように、カレンダーの歴史を見ると、日本人のスケジュール管理の変化を知ることができるのです。

# 第二十二回

**第一节（共 10 小题；每小题 1.5 分，满分 15 分）**
阅读下面短文，从每题所给的 A、B、C、D 四个选项中选出最佳选项。

私たちが使う筆箱(文具盒)などの文具には、人気アニメのキャラクター(人物角色)が入ったものが多く＿＿1＿＿。

キャラクター商品というと、特定のファンの人に向けたものという印象を＿＿2＿＿人も多いが、最近の商品には多くの人が手に取って楽しめる工夫＿＿3＿＿施されている。それはデザイン面の工夫である。＿＿4＿＿私の筆箱は、両面に作品タイトルが英語でデザインされ、その横に主人公のキャラクターが小さく描かれている。大きくデザインされたものであったら、そのアニメのファンでなければ手に＿＿5＿＿かもしれない。しかし、英語のロゴ（标志）がどこか現代的な＿＿6＿＿を引き出しており、ファンでない人もデザインに惹かれて（被吸引）使いたくなるだろう。＿＿7＿＿、キャラクターの見せ方重視で設計された結果、文具としての使い勝手（好用程度）が悪くなっているものもある。好きなキャラクターだからという理由＿＿8＿＿購入し、数日で使わなくなったという話はよく聞く。

このようにキャラクター商品は、多くの人を引きつけ、楽しく使える魅力的なものではあるが、これは使う側の姿勢があって＿＿9＿＿の価値である。キャラクタのみに注目するのではなく、良質なデザインとして、ものとしての良さを見極めた（看透）＿＿10＿＿親しむことが大切である。

1. A. ある      B. いる      C. ない      D. 見る
2. A. 保つ      B. 持つ      C. 付ける      D. 有る
3. A. に      B. が      C. へ      D. を
4. A. たとえ      B. すなわち      C. ちなみに      D. たとえば
5. A. 取りたかった      B. 取りにくかった      C. 取る      D. 取れる
6. A. 気分      B. 気持ち      C. 雰囲気      D. 空気
7. A. しかし      B. やはり      C. また      D. つまり
8. A. だけに      B. ずつに      C. さえで      D. だけで
9. A. こそ      B. ここ      C. さえ      D. これ
10. A. それで      B. それに      C. うえで      D. これで

**第二节（共 10 小题；每小题 1.5 分，满分 15 分）**

　　阅读下面短文，在空白处填入适当的助词或括号内单词的正确形式，括号内单词有下画线时，写出该单词的汉字或假名。

　　伝統とは、昔から長く続いているものであると、誰もが思い込んでいます。しかし、現実に伝統＿＿11＿＿されているものを見ると、「昔」と言われるものが何を意味しているのかは、＿＿12＿＿（非常）曖昧です。

　　考古学の分野の研究者と話＿＿13＿＿すると、数千年前から食べ始めたとされる、ある種の食べ物のことなどは、「つい最近」と表現する人もいます。十代の半ばの女子高生が、「これ、昔＿＿14＿＿（食べる）ことがある」などと、わずか数年前のことを＿＿15＿＿（懐かしい）そうに話していたりします。何をもって昔と呼ぶのかは、人によって、状況によって、かなり＿＿16＿＿（こと）なっているのです。

　　「伝統」は、当事者たちと周囲の人々の心の持ち方次第＿＿17＿＿、わずか数年のうちに確立されることさえあり得るのです。食べ物の場合、人々に受け入れられる時期が、わずか数ヶ月から1年程度で、その後は忘れ去られてしまったならば、それは単なる「流行」であったとしか見なされません。しかし、ある種のラーメンや丼物、弁当の類は、わずか数年、十数年という短期間のうちに日本全土に広く定着し、さらには海外にまで「日本の料理」として＿＿18＿＿（受け入れる）ようになりました。

　　また、日本の食べ物といえば、その代表とされる天ぷらや寿司でも、天ぷらはたかだか（頂

多）300 年余りの歴史、握り寿司では 185 年ほどの歴史しか持っていません。こうした事を考えてみますと、伝統というものは、＿＿＿19＿＿（必）ずしも「昔」から続いてきたことに重点を＿＿20＿＿（置く）べきものでもないようです。

# 第二十三回

**第一节（共 10 小题；每小题 1.5 分，满分 15 分）**

　　阅读下面短文，从每题所给的 A、B、C、D 四个选项中选出最佳选项。

　　国際化が進み、国内的には少子化・人口減が進む現代社会において、多彩な人材をワールドワイド（世界范围）に＿＿1＿＿ために、年功制（入职年限决定薪资的制度）から能力給（按照能力高低决定薪资的制度）＿＿2＿＿移行は重要だと考える。

　　年功制は、新卒一括採用（毕业生整体雇佣）・終身制（终生雇佣）・定年制（固定年龄退休）などと＿＿3＿＿で「日本的経営」と呼ばれてきた。なるほど集団や組織を重視する「日本人のメンタリティ（心理状态）」＿＿4＿＿適しているともいわれる。

　　しかし、＿＿5＿＿は戦後日本の人口増加という状況で生まれたものだ。100 年 200 年続いた「不動の伝統」ではなく、ある歴史的・社会的な条件下で形成されたものだ。

　　＿＿6＿＿、「国内の人口増加＝労働力人口増・消費人口増」の中で生まれ定着したものだ。したがって、歴史的社会的状況が＿＿7＿＿（国際化・少子化・人口減少）、給与の仕組みや働き方も変化することは必然である。

　　商品やサービスを売る消費市場は海外に広がっている。＿＿8＿＿視野の拡大のためにも、人材・労働力の市場を得るためにも「日本的経営」で国内人材を囲い込むのではなく、国際社会から多彩な人材を獲得する（获得）ことが重要であろう。

　　統計＿＿9＿＿、日本の GDP の総額は世界第 3 位であるが、人口で割った「一人当たり GDP」も働く人の数で割った「労働生産性」でも先進国（OECD）中、平均以下の下位グループである。

　　この点でも国内人口増とは相性のよかった（适合）「日本的経営」には限界がきている。＿＿10＿＿能力給に移行するのがこれからの日本には必要であろう。

1. A. からめる　　　　B. あつめる　　　　C. まとめる　　　　D. おさめる

2. A. まで　　　　　　B. への　　　　　　C. にの　　　　　　D. での

3. A. セット　　　　　B. ペット　　　　　C. ベッド　　　　　D. シート

4. A. が　　　　　　　B. を　　　　　　　C. で　　　　　　　D. に

5. A. 年功制　　　　　B. 定年制　　　　　C. 終身制　　　　　D. 能力給

6. A. さて　　　　　　B. ちなみに　　　　C. すなわち　　　　D. また

7. A. 変化され　　　　B. 変化すれば　　　C. 変化する　　　　D. 変化しよう

8. A. そうした　　　　B. こうした　　　　C. たいした　　　　D. ああした

9. A. 　にせよ　　　　B. にともない　　　C. にそって　　　　D. によれば

10. A. うえに　　　　　B. それに　　　　　C. ゆえに　　　　　D. さらに

**第二节（共 10 小题；每小题 1.5 分，满分 15 分）**

　　阅读下面短文，在空白处填入适当的助词或括号内单词的正确形式，括号内单词有下画线时，写出该单词的汉字或假名。

　　海外暮らしが長いため、日本の何＿＿11＿＿一番恋しくなりますかという質問を何度か受けてきた。質問者のほとんどは私が「風呂です」と答える＿＿12＿＿を期待していたのかもしれないが、今の私であれば、＿＿13＿＿（迷う）ずこう答えるだろう。

　　「デパ地下（地下商场）です。」

　　正直、デパ地下＿＿14＿＿の恋しさは、海外滞在中に限ったものではない。日本に長期間滞在しているときですら、私は日々デパ地下のことを＿＿15＿＿（思う）ながら過ごしていると言っていい。

　　中年になって以降は、目的のフロア（楼层）といえば、もっぱら（专门）デパ地下。地上階には気力と体力のある時しか登らない。同世代の友人と待ち合わせをするのもデパ地下。出先（外出的目的地）での用事が＿＿16＿＿（早い）終わると出かけるのはデパ地下。要するに、子供時代はあの高い建物の天空で補うことができていたワクワク感（兴奋感）を、今では地表の下で得ているというわけだ。

　　デパ地下というのは言わば常設（一直设立）の食の博覧会場である。むかしであれば、レストランや食堂の店頭に飾られていた蠟細工（蜡像）を＿＿17＿＿（真剣）見つめつつ、視覚情報から味覚の想像を＿＿18＿＿（膨）らますというあの感覚を、デパ地下では思う存分に（充分地）楽しむことができるのである。

地下の天国、デパ地下。確かにお風呂も温泉も私にとって無くてはならないものではあるけれど、ふと疲れた時に気持ちを＿＿19＿＿（満たす）てくれるこのワンダーランド（仙境）がある限り、まだまだ仕事を＿＿20＿＿（がんば）っていけそうだ。

# 第二十四回

## 第一节（共 10 小题；每小题 1.5 分，满分 15 分）

阅读下面短文，从每题所给的 A、B、C、D 四个选项中选出最佳选项。

　　働く障害者への＿＿1＿＿を禁じ、働きにくさを解消するための合理的配慮を企業に義務づける（強制）「障害者雇用促進法」。配慮の対象には、難病（疑难杂症）などを患い、病気でない人と同様に働くことが困難な人も＿＿2＿＿。だが十分に知られておらず、「病気を明らかにすると、差別や不当な扱い（对待）をされるかも」と心配する患者は＿＿3＿＿。企業の理解や相談しやすい職場づくりが求められている。

　　患者の中＿＿4＿＿手術や入院治療が必要な人もいるが、今は医療の進歩で症状が治まっている期間が延び、通院や体調不良時への配慮があれば、普通に＿＿5＿＿人が増えた。「難病だと働けない、といった偏見を持た＿＿6＿＿。病気があっても働くことを一緒に考え、誰もが働きやすい職場づくりのきっかけにしてもらえれば」と仲島さんは訴える（诉说，主张）。

　　＿＿7＿＿に難病と言っても、働く上で何の配慮もいらない人から、就労が難しい人まで＿＿8＿＿だ。外見で分かる病気もあるが、疲れやすさや痛みなど見た目（外表）では分からない症状も多い。

　　障害者雇用促進法は、難病などの慢性疾患の患者で、働く上で配慮が必要な人を「その他の心身の機能に障害がある者」として、支援の対象＿＿9＿＿加えている。具体的には、病気といっ＿＿10＿＿昇進（升职加薪）の対象から外す（使脱离）といった差別的な扱いを禁止。過剰な負担にならない範囲で、柔軟な働き方を認めるといった「合理的配慮」の提供を求めている。

1. A. 差異　　　　　B. 不平　　　　　C. 差別　　　　　D. 区別
2. A. 囲まれる　　　B. 含まれる　　　C. 絡まれる　　　D. 恵まれる
3. A. 多い　　　　　B. 大きい　　　　C. すくない　　　D. 小さい

4.　A. には　　　　　　　B. が　　　　　　　　C. で　　　　　　　　D. から

5.　A. 働く　　　　　　　B. 働かせる　　　　　C. 働ける　　　　　　D. 働いている

6.　A. ず　　　　　　　　B. なくで　　　　　　C. なくて　　　　　　D. ないで

7.　A. 一面　　　　　　　B. 一口　　　　　　　C. 一見　　　　　　　D. 一回

8.　A. さまざま　　　　　B. やまやま　　　　　C. ばらばら　　　　　D. はらはら

9.　A. が　　　　　　　　B. を　　　　　　　　C. に　　　　　　　　D. で

10.　A. のみ　　　　　　　B. しか　　　　　　　C. さえ　　　　　　　D. だけで

第二节（共 10 小题；每小题 1.5 分，满分 15 分）

　　阅读下面短文，在空白处填入适当的助词或括号内单词的正确形式，括号内单词有下画线时，写出该单词的汉字或假名。

　　金曜の夜の凍りつく（结冰）中を、突き抜ける（穿透）ようにバイクを＿＿11＿＿（走る）て帰宅する。シールド（保护面罩）を上げると、明りの灯ったあちこちの家（万家灯火）から漂ってくる夕食の匂い。温かい気持ちになるのはなぜだろう。そう＿＿12＿＿（思う）ながら我が家の匂いを＿＿13＿＿（嗅）ぐ。ああ、今夜はカレーだ。兄が帰ってきているのだ。

　　兄は知的障害者（智力障碍）で現在福祉施設（福利机构）に入居しており、月＿＿14＿＿2 回、我が家に帰ってくる。母は必ずカレーを作って兄を迎える。兄の好物だからだ。ずいぶん前に父が他界（去世）し、しばらくは兄も自宅から福祉施設に通っていたのだが、母も高齢となり、身体が思うように動かなくなってきた。兄を施設に入居させたのは苦渋の＿＿15＿＿（せんたく）だっただろう。私＿＿16＿＿さえ、兄を見捨てた（抛弃）ような、後ろめたい気分になった。施設で規則正しい生活をして、社会参加をすることが本人のためになる、今ではそう思えるのだが。

　　兄がいない生活にすっかり慣れ、母はますます年を取り、すっかり小さなお婆ちゃんになってしまった。家事をこなすの＿＿17＿＿嫌がるようになり、私と妹で分担して家事をこなすようになった。

　　母が作るカレーの匂いは、私たち家族が＿＿18＿＿（ささやか）お互いを＿＿19＿＿（支える）あっている証し（证明）だ。そこには母の愛情と、家族団欒（家人团聚）の歴史がある。我が家のカレーの匂いがこの世から消えても、人の世がある限り、家族団欒の夕食の匂いは＿＿20＿＿（無い）ならない。きっとそれは誰かを支え、温かい気持ちにさせてくれるだ

ろう。そう思うと、心に小さな明かりが灯る。さあ、温かいうちにカレーをいただこう。

# 第二十五回

**第一节（共 10 小题；每小题 1.5 分，满分 15 分）**

阅读下面短文，从每题所给的 A、B、C、D 四个选项中选出最佳选项。

　　父は昔からとにかく几帳面な（一丝不苟的）性格だった。予定管理の名のもとに、どんなに些細な予定＿＿1＿＿手帳替わりのカレンダーに逐一書き込む。例えば「旅行」の予定日の前日には必ず、「旅行の準備」とあった。

　　時代の流れ＿＿2＿＿、いつしかカレンダーから携帯電話のスケジュール帖（计划表）に替わった。それでも、些細な予定＿＿3＿＿書き込む習慣は相変わらずのようだった。

　　そんな父だったが、6 年前、突然の病に倒れた。あっという間に症状は悪化し、発病からたった＿＿4＿＿で、父は帰らぬ人となってしまった。父が亡くなったその日は、皮肉（讽刺）にも私の誕生日の前日だった。

　　明け方に父が亡くなってから、儀式の打ち合わせ、職場や親戚への連絡、各種手続き。それらに一日中奔走した私は、とにかく（总之）疲れていた。夕飯の時間になっても食欲など湧かない。

　　「こういう時こそ、＿＿5＿＿食べないとね。」母、兄、妹と促し合いつつ＿＿6＿＿。すると突然、食卓の隅に置かれた父の携帯電話が鳴り響いた（响）。

　　私たちは全員＿＿7＿＿顔を見合わせた（面面相觑）。そしておそるおそる（小心翼翼）画面を覗くと、＿＿8＿＿にはあるメッセージが表示されていた。「亜沙美に明日送る誕生日のメールを作成すること。」

　　私は驚きで息が止まりそうになった。それは父が携帯電話のスケジュール帖に残した、本日の予定だった。

　　「お父さん、子供たちの誕生日には必ずメールを＿＿9＿＿もんね。」

　　私はこんなにも父に愛されていたのだ、と改めて（重新）思った。嬉しくて、嬉しくて、悲しかった。ただただ、父に＿＿10＿＿。

1. A. さえ　　　　　　B. でも　　　　　　C. ても　　　　　　D. のみ

2. A. にもとづいて　　B. にともない　　C. にかけて　　D. にくわえ

3. A. まで　　B. から　　C. より　　D. ばかり

4. A. 2月　　B. 2月末　　C. 2か月　　D. 2か月分

5. A. しっかり　　B. きちんと　　C. ちゃんと　　D. がっかり

6. A. 食べ過ぎる　　B. 食べ続ける　　C. 食べ終わる　　D. 食べ始める

7. A. で　　B. が　　C. に　　D. も

8. A. そこ　　B. それ　　C. ここ　　D. これ

9. A. いただいた　　B. もらった　　C. くれた　　D. さしあげた

10. A. 守りたかった　　B. 信じたかった　　C. 見たかった　　D. 会いたかった

**第二节（共 10 小题；每小题 1.5 分，满分 15 分）**

阅读下面短文，在空白处填入适当的助词或括号内单词的正确形式，括号内单词有下画线时，写出该单词的汉字或假名。

　　10 歳の息子に、7 歳の娘と私の 3 人暮らしが続いたが、新しい家族が増えること＿＿11＿＿なった。尚志さんが家にきたのは、その時が初めて。

　　「……キミたちのお母さんとはお友だちです。これからも、よろしく……」

　　五百円玉（硬币）を握りしめて（紧握）いた息子が＿＿12＿＿（つぶや）いた。（これからもって……）

　　妹は兄の手をとり、スーパーへ向かった。

　　「ご挨拶したら二人で買い物ね。玉子よ」

　　我が家では特別な日に、娘と共同制作のオムライス（蛋包饭）＿＿13＿＿もてなす（招待）決まりがある。誕生会や入学式、親戚がきた時もそうしていた。

　　二人きりになってから話をし、改めて（重新）家族のことを誠実に考えてくれていたことがわかった。ただ、子供達が＿＿14＿＿（帰る）てこない。10 分、20 分……

　　炊飯ジャーが湯気を吹き始めると、私は＿＿15＿＿（堪る）ず外に出た。玄関の少し先で二人が座り込み、レジ袋（购物袋）の底にたまった黄色の液体をにらんでいた（瞥见）。

　　「お兄ちゃんが急ぐからいけないんだよ。＿＿16＿＿（転ぶ）で割っちゃった」

　　と泣きっ面の娘。

　　玄関をあけると、彼の笑顔とご飯の香りが迎えてくれた。

「おかえりー」

私達の家なのに、なんだか＿＿17＿＿（嬉しい）なった。割れた卵の入ったケースを差し出す（拿出）娘＿＿18＿＿「大丈夫だよ。殻（壳）をとれば使えるよ」とひと言。

ご飯が炊けた。いつもは人数分だが、およそ（大约）10個の卵をフライパン（平底锅）に流し込む。ジュワーッと広がる食卓の香り。殻取りに熱中した息子と尚志さんも＿＿19＿＿（自然）顔を近づけ仲良くなっていた。他人という殻を＿＿20＿＿（破）り、オムライスのようなふんわり（柔软）した家族となった瞬間だった。

# 第二十六回

**第一节（共 10 小题；每小题 1.5 分，满分 15 分）**

阅读下面短文，从每题所给的 A、B、C、D 四个选项中选出最佳选项。

年の瀬（年末）の寒い夜、そろそろ寝る支度をしようと思っていた時、メール着信の＿＿1＿＿。

こんな遅くに誰かと開け＿＿2＿＿と、兄からのメールだった。

朝型の兄からこんな時間に＿＿3＿＿読むと「婆ちゃんが死んだ。晩飯を喜んで食った。」

短いメール。途端に心臓がドキドキして鳴ってやまない。98歳11か月、覚悟はできていた＿＿4＿＿なのに狼狽える（惊慌失措）。婆ちゃんではなく母だ。急いで病院に駆け付けた。そこには冷たくなった母がいた。

母はクリスチャンであった。亡くなる5日前まで、毎週教会に行っていた。5年程前から1人で行き帰りする＿＿5＿＿不安を覚え、私達で、毎週日曜日付き添うことに＿＿6＿＿。朝は兄が車で送っていき、教会のいつもの席に座らせる。

「帰りは久子（私ひさこ）が来るから終わっても待っているんだよ」とみんなに＿＿7＿＿程大きな声で話し、自分は帰る。いつもの席で、いつもの友達と同じ席で、聖書を読む。礼拝中は、大きな声で賛美歌を歌う。教会＿＿8＿＿最高齢だった。私は、祖父や、母の影響で洗礼を受け、結婚前は教会に毎週行っていた。結婚して少し遠くに住む＿＿9＿＿遠のいていた。

しかし週一の介護の＿＿10＿＿また、行くようになった。礼拝が終わると、冷たい母の手を引いてトイレに行く。

あれから3年、時々、日曜日になると行かなくちゃという幻想にとらわれていたが、そんな思いもだんだん少なくなってきた。

最後まで自宅で過ごし、あっという間にひとりで逝ってしまった母は幸せだったと思いたい。

1. A. 声　　　　　　B. 音　　　　　　C. 鳴　　　　　　D. 鈴

2. A. てある　　　　B. ている　　　　C. ておく　　　　D. てみる

3. A. と言って　　　B. と思う　　　　C. と思って　　　D. と言う

4. A. べき　　　　　B. はず　　　　　C. もの　　　　　D. こと

5. A. ことに　　　　B. ことで　　　　C. ものに　　　　D. もので

6. A. した　　　　　B. する　　　　　C. なった　　　　D. なる

7. A. 聞こえる　　　B. 聞ける　　　　C. 見える　　　　D. 見られる

8. A. には　　　　　B. にも　　　　　C. では　　　　　D. でも

9. A. ようにする　　B. ようになる　　C. ようになり　　D. ようにした

10. A. おかげで　　　B. おかげか　　　C. せいで　　　　D. せいか

## 第二节（共10小题；每小题1.5分，满分15分）

阅读下面短文，在空白处填入适当的助词或括号内单词的正确形式，括号内单词有下画线时，写出该单词的汉字或假名。

京都は、日本___11___（らしい）を感じられる街並みが魅力です。歴史のある神社や寺、お茶屋などが多くあります。また、京都の街___12___並ぶ「京町家」も日本の歴史を感じられる風景の一つです。1950年以前に___13___（建てる）られた木造建築のうち、伝統的な構造を持つ家を「京町家」と呼びます。瓦屋根で大戸・格子戸がついているのが特徴です。

また、古風で美しい街並みを維持するための条例「京都府景観条例」が存在します。条例により、建物の高さや看板の色などに規定があるため、京都には景観を乱す建物や看板が___14___（ある）です。

京都には漬物や和菓子、宇治抹茶など日本式の食べ物があります。漬物のなかでも千枚漬けやすぐき、柴漬けは「京都三大漬物」と呼ばれる___15___有名です。和菓子には、色

や形が可愛らしいものが多くあります。美しく＿＿16＿＿（華やか）見た目とほんのり甘い＿＿17＿＿（上品）な味わいが魅力です。京都と言えば「宇治抹茶」を想像する人もいるでしょう。宇治抹茶は京都の代表的なお茶です。京都には、宇治抹茶を使用した和食やスイーツもあります。

　また、代表的な伝統工芸にはちりめんがあります。ちりめんは表面にでこぼこのある絹＿＿18＿＿（おり）物で、古くから日本の着物の材料として使われていました。ちりめんを＿＿19＿＿（使用する）作られた雑貨は可愛らしい柄のものが多く、人気があります。京都は魅力がたくさんつまった素晴らしい街です。日本を全身＿＿20＿＿感じられる最高の場所といっても過言ではないでしょう。

# 第二十七回

**第一节（共 10 小题；每小题 1.5 分，满分 15 分）**

　　阅读下面短文，从每题所给的 A、B、C、D 四个选项中选出最佳选项。

　上司の「高すぎる期待値」は部下を追い込む＿＿1＿＿です。他者への期待は人間関係を壊す元凶です。

　あなたの部下の働きぶりはどうですか。いつもあなたの期待を上回ってきますか。＿＿2＿＿下回ってきますか。

　ここで、「下回っている」と答えた人は要注意です。部下を追いこむのは上司の「高すぎる期待値」です。求める基準が高く、「これ＿＿3＿＿できるでしょ」と部下に期待しているからこそ、いつもその基準を下回っ＿＿4＿＿部下の仕事に対して腹が立ってきます。なんで＿＿5＿＿こともできないのだろうと呆れ、ひどいときには関わるのをやめ＿＿6＿＿。

　部下＿＿7＿＿一生懸命頑張ったのに、褒めてもらえないどころかがっかりされ、何をやってもダメ出ししかされない状況は、まったく面白くありません。

　そうすると、仕事に意義を＿＿8＿＿手を抜き、上司はさらに失望するといった悪循環が発生します。この状況を作り出してしまう上司には、仕事ができる人が多いのも特徴です。自分自身の当たり前の基準が高いからこそ、部下にもそれと同じものを求めようとする傾向があります。

　「なんでこんな＿＿9＿＿の？」「どうしてわからないの？」

こうした発言は、上司にとっては期待の裏返しであると同時に＿＿10＿＿やめる必要があるのです。

部下に期待していいのは「未来」だけです。

1. A. こと　　　　　B. べき　　　　　C. もの　　　　　D. はず
2. A. それから　　　B. それとも　　　C. それでも　　　D. それなら
3. A. だけ　　　　　B. なら　　　　　C. こそ　　　　　D. くらい
4. A. ていく　　　　B. てくる　　　　C. てある　　　　D. ている
5. A. こんな　　　　B. そんな　　　　C. この　　　　　D. その
6. A. てあります　　B. てしまいます　C. ておきます　　D. ています
7. A. からある　　　B. からする　　　C. からすれば　　D. からあれば
8. A. 見い出せず　　B. 見い出さず　　C. 見い出ず　　　D. 見出せず
9. A. ようもない　　B. ものができない　C. こともない　　D. こともできない
10. A. たまに　　　　B. いつも　　　　C. 直ちに　　　　D. めったに

**第二节（共10小题；每小题1.5分，满分15分）**

　　阅读下面短文，在空白处填入适当的助词或括号内单词的正确形式，括号内单词有下画线时，写出该单词的汉字或假名。

　　3人姉妹。私はその真ん中として＿＿11＿＿（育つ）。姉と私は二卵性の双子（异卵双胞胎）、同い年で、5つ下＿＿12＿＿妹がいる。姉との日々で覚えているのは、2年保育の幼稚園へ通い、妹が産まれた頃からだ。幼い時の写真を見ると、祖父の両＿＿13＿＿（ひざ）に抱えられていたり、七五三のお澄まし（一本正经）顔だったり、並んで写っている。

　　姉は大人しい性格で、大人達から何か＿＿14＿＿（話しかける）られると、いつだって私が受け答えをし、何かを決めたり、選んだり、計画したり、旅や買物の時は、私が率先して行動していた。

　　それでも喧嘩はよくした。ほしいおもちゃのため、先にピアノを弾くため、私は全身全霊＿＿15＿＿戦った。そう、私は負けず嫌いで口達者（能说会道的人）で、がんばり屋でもあった。それなのに、運動会での町内対抗リレー（接力赛）の代表選手は常に姉だったし、半日練習しただけで自転車に＿＿16＿＿（乗る）ようになったのも姉のほうだった。私達は高

校卒業までずっと一緒だったし、大学卒業後も＿＿17＿＿（実家）で共に過ごし、なぜか結婚まで2週間違い。

　私達の長男＿＿18＿＿同い年で、姉は4ヵ月先に母親に＿＿19＿＿（なる）ばかりだったから、私にとって育児について一番の相談相手になった。姉は幸せそうに、ゆったりと子育てをしているように見えた。それまで自分では姉を＿＿20＿＿（引っ張る）きたつもりが、その頃からか、私は姉に一目おく（逊色）ようになっていた。

# 第二十八回

**第一节（共 10 小题；每小题 1.5 分，满分 15 分）**
　　阅读下面短文，从每题所给的 A、B、C、D 四个选项中选出最佳选项。

　感じがいい人は「おめでとう」を少し自分＿＿1＿＿変えて言うことがあります。お祝いする場面は何度あってもうれしいものですね。誰かに祝福の言葉を贈るとき、大多数の人が「おめでとう」と伝えていると思います。＿＿2＿＿間違いではありませんが、印象には＿＿3＿＿です。

　お祝いの言葉をかけるときは、「誕生日（卒業、出産……など）、おめでとうございます」と「おめでとう」に一言、加えてみてください。周知の事柄＿＿4＿＿、改めて具体的な言葉で伝えるのが＿＿5＿＿です。「え、そんなこと。」と思うかもしれませんが、これが意外と嬉しいもので、祝福を受ける人は一層喜びを感じられます。「誕生日おめでとう」「転職おめでとう」「ご出産おめでとう」などと、祝福したい内容＿＿6＿＿合わせて、バリエーション（変化）豊かに伝えましょう。

　結婚式などのおめでたい場や、かしこまったシーンでは、「お慶び申し上げます」と伝えましょう。「慶ぶ」は「おめでたいことを喜ぶ」場合に、「喜ぶ」は「うれしく感じる」場合に使います。＿＿7＿＿、入学や転職など、新しい門出（新生活，新道路）をお祝いする際には、「新しい一歩ですね。心からお祝い＿＿8＿＿」など、相手に幸せな未来の姿をイメージ＿＿9＿＿言葉をプレゼントしましょう。

　また、最も多く祝福の言葉を伝えるシーンのひとつが結婚式。忌み言葉や重ね言葉は、口＿＿10＿＿注意です。

1. A. なりに　　　　B. ように　　　　C. からに　　　　D. ならに
2. A. たまに　　　　B. めったに　　　C. 決して　　　　D. あまり
3. A. 残さなさそう　　　　　　　　　　B. 残らなさそう
　　C. 残さないそう　　　　　　　　　　D. 残らないそう
4. A. ても　　　　　B. でも　　　　　C. には　　　　　D. にも
5. A. ポイント　　　B. ポケモン　　　C. コンビニ　　　D. エアコン
6. A. が　　　　　　B. と　　　　　　C. を　　　　　　D. に
7. A. しかし　　　　B. また　　　　　C. そこで　　　　D. それで
8. A. 存じ上げます　　　　　　　　　　B. お目にかけます
　　C. 申し上げます　　　　　　　　　　D. 差し上げます
9. A. してあげる　　　　　　　　　　　B. してやる
　　C. してください　　　　　　　　　　D. してもらえる
10. A. をしないように　　　　　　　　　B. にしないように
　　C. がないように　　　　　　　　　　D. はないように

**第二节（共 10 小题；每小题 1.5 分，满分 15 分）**

　　阅读下面短文，在空白处填入适当的助词或括号内单词的正确形式，括号内单词有下画线时，写出该单词的汉字或假名。

　　私が留学している街には、「獅子舞」があります。「獅子舞」は農業がうまく行くように願う時に舞う獅子のことです。男の子が獅子や、天狗になって舞ったり、女の子が笛＿＿＿11＿＿＿吹いたりします。町内の一軒一軒をまわります。子供が＿＿＿12＿＿＿（生まれる）家庭では、子供が幸せに＿＿＿13＿＿＿（なる）ように舞います。私はこれをみた時、街内の人々の幸せを願うのは、とても素敵だと思いました。その姿に＿＿＿14＿＿＿（憧）れて、私も舞ってみたいと思いました。

　　町内会の会長に、「獅子舞を私もできませんか」と聞いてみました。最初は、会長は外国人がこんなことを言い出すと思っていなかったのか、とても＿＿＿15＿＿＿（驚く）いましたが、「一緒にやろう」と言ってくれました。その次の週＿＿＿16＿＿＿、獅子舞の練習が始まりました。獅子の被りものは重いし、＿＿＿17＿＿＿（動く）にくくて大変でした。でも、たくさん練習しました。

獅子舞の日当日、私は一生　　18　　（けんめい）舞いました。すると、街内の人たちはみんな感謝してくれました。「これでいいお米ができるよ」「これでうちは平和になるよ」そう言ってくれてとても　　19　　（嬉しい）です。私は、この経験　　20　　通じて、これからはもっと街の幸せを願い、感謝しようと心に決めました。

# 第二十九回

第一节（共 10 小题；每小题 1.5 分，满分 15 分）

　　阅读下面短文，从每题所给的 A、B、C、D 四个选项中选出最佳选项。


　　私は、今学期に「会った人には、自分から先に挨拶をする」という目標を　　1　　。最近の私は、かなり挨拶ができるようになったことを感じています。

　　しかし、日本に　　2　　のころの私は、今のようにはできませんでした。自分から挨拶するのは、少し恥ずかしいと思っていました。　　3　　、日本語があまり上手じゃないからです。そのころから比べると、今は自然と声が出せるようになりました。

　　「挨拶は大切だ」　　4　　のはどうしてでしょうか。先生や両親からは「会った人には　　5　　挨拶をしましょう」と言われます。「挨拶というのは、中国の言葉で、『心を　　6　　歩み寄る』という意味があるのよ」とお母さんが教えてくれました。この言葉はお母さんが社会人になったとき、会社の先輩から教えてもらった言葉だ　　7　　。社会人になって、周りは知らない人　　8　　だったそうですが、自分から声を出して挨拶をすることによって周りの人たちとの心の距離が少しずつ縮まっ　　9　　ことを感じて、先輩の言葉の意味が分かってきたということでした。

　　私が大きな声で挨拶をすると、相手も大きな声で挨拶してくれます。私がお母さんから挨拶の意味を教えてもらったように、今度は私が挨拶の　　10　　を他の人に伝えていきたいと思います。


1. A. 建てました　　　B. 立てます　　　　C. 立てました　　　D. 建てます

2. A. 来たばかり　　　B. 訪ねたばかり　　C. 行ったばかり　　D. 帰ったばかり

3. A. からこそ　　　　B. それなら　　　　C. これなら　　　　D. なぜなら

4. A. と評価される　　B. と考えられる　　C. と言われる　　　D. と思われる

5. A. どうどう　　　B. きちんと　　　C. どんどん　　　D. きちゃんと

6. A. 開いて　　　　B. 明けて　　　　C. 開けて　　　　D. 空けて

7. A. ようです　　　B. そうです　　　C. らしいです　　　D. みたいです

8. A. きっちり　　　B. すっかり　　　C. しっかり　　　D. ばかり

9. A. ていく　　　　B. てくる　　　　C. てある　　　　D. ている

10. A. 大切に　　　　B. 大切な　　　　C. 大切さ　　　　D. 大切だ

第二节（共 10 小题；每小题 1.5 分，满分 15 分）

　　阅读下面短文，在空白处填入适当的助词或括号内单词的正确形式，括号内单词有下画线时，写出该单词的汉字或假名。

　　みなさんは、一人でいることは好きですか。私は、一人でいることが嫌いではありません。好きな方です。その理由は、「自分の時間を大切にできる」「全部自分の思い通りにできる」「気楽」に　　11　　（大きい）分けられます。一人が　　12　　（苦手）人もいますが、私は大丈夫です。私には友達がたくさんいるので、一人でいても孤独は感じません。一人でいること　　13　　楽しめるのは幸せなことだと思います。

　　友達といると、「今日はこれが食べたいな」と思っても、みんなが食べたく　　14　　（ない）、食べることはできません。「あそこに行きたいな」と思っても、みんなが他に行きたいところがあれば、　　15　　（えんりょ）しなければなりません。とても不自由に感じます。もし一人なら、「これを食べよう。あ、やっぱりこっち　　16　　しよう」とかできますし、「あそこに行こう」と思ったら自由に行くことができます。一人は、とても気楽で自由で幸せを　　17　　（感じる）られます。

　　でも、私は誰かと一緒にいるのが　　18　　（嫌い）わけではないし、ずっと一人でいたいわけでもありません。学校も、放課後も、　　19　　（習）い事だって、友達と一緒だと楽しいです。友達と一緒に過す時間にはたくさんのメリットがあります。私が人としてバランス　　20　　（いい）成長するために欠かせない時間です。でも、一人の時間にもメリットがたくさんあることを、声を大にして言いたいです。

# 第三十回

**第一节（共 10 小题；每小题 1.5 分，满分 15 分）**

阅读下面短文，从每题所给的 A、B、C、D 四个选项中选出最佳选项。

　　最近、アルバイトを始めました。テストの採点の仕事です。でも、給料がいいのかどうかよく分からないです。他のアルバイトをした___1___からです。英語のテストの採点をオンライン___2___するもので、文法的に正しいかどうか、単語が合っているかどうかを判断して、丸付けをする仕事です。たぶん、能力が___3___、スピードも上がってとても給料のいい仕事になるのだろうと思います。___4___、ミスをするといけないので、その辺は慎重にやらないといけないから、しっかりと見る必要があります。

　　採点しやすい答案と、そうではないものがあって、すぐにできたり、時間がかかってしまったりします。たくさん___5___給料がもらえるので、今のところ毎日頑張っています。

　　この仕事の難点は、目が非常に疲れるという___6___です。パソコン仕事というのは、目に負担がかかるものです。以前に、レポートを書いていた時、一日中パソコンを使った___7___けれど、あの時はかなり目が疲れて、痛くなりました。

　　あのときほどではないけれど、___8___目が疲れるので、目薬を使ったり、寝る時に___9___アイマスクを使ったりしています。その薬代を考えると、アルバイト___10___が無駄になっているのではないかと、たまに考えます。

1. A. かたがない　　　B. ようがない　　　C. ものがない　　　D. ことがない

2. A. に　　　　　　　B. が　　　　　　　C. で　　　　　　　D. は

3. A. 高くれば　　　　B. 高ければ　　　　C. 高くければ　　　D. 高くなけれ

4. A. 一方で　　　　　B. そして　　　　　C. それで　　　　　D. それに

5. A. すればしほど　　B. いればいるほど　C. あればあるほど　D. すればするほど

6. A. そう　　　　　　B. よう　　　　　　C. こと　　　　　　D. もの

7. A. ことがなかった　B. ことがない　　　C. ことがある　　　D. ことがあった

8. A. やっぱり　　　　B. すっかり　　　　C. しっかり　　　　D. ばっかり

9. A. 冷たくなる　　　B. 冷たいなる　　　C. 暖かくなる　　　D. 暖かいなる

10. A. 賃　　　　　　 B. 代　　　　　　　C. 料　　　　　　　D. 費

第二节（共 10 小题；每小题 1.5 分，满分 15 分）

　　阅读下面短文，在空白处填入适当的助词或括号内单词的正确形式，括号内单词有下画线时，写出该单词的汉字或假名。

　　異文化から＿＿11＿＿（伝わる）行事や祭りは数あるが、ハロウィーン（万圣节）ほど掴みどころがないのは＿＿12＿＿（珍）しい。日本に＿＿13＿＿（限る）ず、時代や地域によって多様に変貌したせいかもしれない。その起源は、現在のアイルランド（爱尔兰）やその周辺にいた古代ケルト人（凯尔特人）の季節祭＿＿14＿＿（とする）ている。数千年を経たいま、ほぼ原形を留めていない。

　　アイルランドの文豪ジョイス（詹姆斯・乔伊斯）は、短編『土』で＿＿15＿＿（たいしゅう）が祝うハロウィーンを描いた。主人公はダブリン（都柏林）の女性更生施設＿＿16＿＿働くマリア。かつて乳母をした男性の一家が彼女をパーティーに招待する。1906 年の執筆で、当時の迷信や習慣がわかる。

　　たとえば、マリアが一家で興じたのはハロウィーンには定番（经典）のゲームだった。目隠しをして皿にのった物を＿＿17＿＿（選ぶ）で、指輪なら結婚、水は移民、土は死を意味するとされた。

　　ジョイスの物語には仮装もカボチャも出てこない。静かで少し不穏な空気が漂っている。死や火＿＿18＿＿（という）象徴は伺えるが、百年余でこれほど変わるのかと驚く。

　　そもそもケルトのでは、11 月 1 日が冬の＿＿19＿＿（始まる）で「新年」だったという。前夜は死と生を隔てる壁が破られ、祖先や死者が＿＿20＿＿（戻る）てくるとされた。

# 第三十一回

第一节（共 10 小题；每小题 1.5 分，满分 15 分）

　　阅读下面短文，从每题所给的 A、B、C、D 四个选项中选出最佳选项。

　　新幹線の自由席は、考えることが多い＿＿1＿＿。新幹線の自由席は、その名前の通り、自由に空いている席に＿＿2＿＿というシステムです。新幹線に乗るのならば、窓側の席に座りたいです。

　　理由は、景色が見たいからとか、ゆっくりしたいから＿＿3＿＿も、電源がほしいからです。

今日乗る新幹線は窓際にしか____4____がないのです。スマホの充電が、あと50％しかあり
ません。____5____、1日持ちません。なんとかして窓側に座る方法はないかな、と考えてい
ました。

でも、窓際に座ったら、トイレに____6____なります。奥の方に座っているので、トイレに
行く時は通路側の人に「すみません、通ります」と言わなければなりません。すごく気を
使います。それ____7____じゃありません。自由席なので、一度立ったら他の人が空いたと思っ
て座りに来るかもしれません。トイレから帰って来たら、もう座る場所がなくなっている
____8____こともあるかもしれません。それは、嫌です。でも、荷物を置い____9____のは危ない
と思います。

このように、新幹線の重積は、考えることが多くて本当に疲れます。でも、指定席を取
るのは、お金が余分にかかってしまいますから、____10____、いつも安い自由席を選んでし
まいます。

1. A. 気をつけます　　B. 気になります　　C. 気がします　　　D. 気にします
2. A. 座ってはいけない　　　　　　　　　B. 座ってもいい
   C. 座っでもいい　　　　　　　　　　　D. 座っではいけない
3. A. というたら　　B. というから　　C. というより　　D. というなら
4. A. コンセント　　B. コンデント　　C. コンデント　　D. コンゼント
5. A. それては　　　B. あれでは　　　C. それでは　　　D. これでは
6. A. 行きにくい　　B. 行きやすい　　C. 行きやすく　　D. 行きにくく
7. A. なら　　　　　B. だけ　　　　　C. では　　　　　D. ため
8. A. ようだ　　　　B. そうだ　　　　C. みたいな　　　D. らしいな
9. A. てある　　　　B. ていく　　　　C. てくる　　　　D. ている
10. A. だが　　　　　B. から　　　　　C. また　　　　　D. つい

**第二节（共10小题；每小题1.5分，满分15分）**

　　阅读下面短文，在空白处填入适当的助词或括号内单词的正确形式，括号内单词有下画
线时，写出该单词的汉字或假名。

　　私の朝はいつもコーヒーを飲むこと____11____始まります。豆を電動ミルで挽いて、コー

ヒーメーカーで淹れます。バターをひと切れ入れたマグカップに___12___（注ぐ）飲みます。バターを入れるのは珍しいかもしれませんが、こうすると味が___13___（こ）くなって、とてもおいしくなります。

午前中はドラマやアニメを見て、ドラマの中で___14___（おいしい）そうなチャーハンを作っているのをみて、食べたくなりましたが、午後になった時に、特に食欲がなかったので何も食べずに過ごしました。そして、出かける前に玉子を二つ鍋で茹でました。玉子を一つ___15___食べて、出かけました。

午後はアルバイトに行きました。終わって___16___（帰る）きたら、もう一つの玉子を食べました。冷蔵庫には5個あったので、5個食べたかったのですが、食べ過ぎはよくないので2つ___17___しました。そして、グラスに氷を入れ、そこに水を入れて飲みました。私は冷たい飲み物が大好きで、冬も___18___（氷）を入れて飲みます。友達には、「寒くないの？」といつも驚かれます。

お風呂に入る前にインターネット___19___およそ二時間の映画をみました。途中で___20___（眠い）なるかもしれないと思いましたが、最後まで観ることができました。あとは、お風呂に入って寝るだけです。

# 第三十二回

第一节（共 10 小题；每小题 1.5 分，满分 15 分）

　　阅读下面短文，从每题所给的 A、B、C、D 四个选项中选出最佳选项。

　　以前私は洗濯が嫌いでした。いや、洗濯自体は洗濯機がするんだけれど、干したり畳んだりするのが好きではなかったのです。___1___最近は洗濯が好きになっています。

　　洗濯をするのは、生きている証しだと思えます。なぜなら、洗濯機が___2___ということは、電気を使うからです。電気を使うには、電気___3___を支払わなければなりません。___4___を全て考えたら、生きているということになります。その象徴が洗濯機なのです。

　　家電は新しいものから壊れ___5___。だんだんと製品の質が悪くなっているのか、不景気の___6___、部品の質が悪くなったのかもしれません。私がいま使っている洗濯機は、二十年以上前に買ったものです。一緒に購入したもの___7___、冷蔵庫と掃除機がありますが、これらもいまだに現役です。それよりも2年前に買った電子レンジは、もう壊れました。

20年も、さすがに使いすぎかなと思って、＿＿8＿＿で新しい洗濯機を見ていました。でも、今の洗濯機はまだ使えますし、なにより私が「生きている証」でもあるので、買い＿＿9＿＿のは、本当に壊れたときにし＿＿10＿＿と思います。

1. A. ところで　　　B. ところに　　　C. ところが　　　D. ところを
2. A. 使える　　　　B. 使われる　　　C. 使う　　　　　D. 使っている
3. A. 料　　　　　　B. 費　　　　　　C. 金　　　　　　D. 代
4. A. それ　　　　　B. これ　　　　　C. この　　　　　D. その
5. A. てあります　　B. てきます　　　C. ていきます　　D. てみます
6. A. せいで　　　　B. せいか　　　　C. おかげで　　　D. おかげか
7. A. が　　　　　　B. に　　　　　　C. を　　　　　　D. は
8. A. エアコン　　　B. パソコン　　　C. コンビニ　　　D. インターネット
9. A. 換える　　　　B. 取る　　　　　C. 上げる　　　　D. 占める
10. A. てみよう　　　B. ておこう　　　C. ていこう　　　D. てこよう

**第二节（共 10 小题；每小题 1.5 分，满分 15 分）**

　　阅读下面短文，在空白处填入适当的助词或括号内单词的正确形式，括号内单词有下画线时，写出该单词的汉字或假名。

　　今日は、料理を作りました。私は寮に住んでいるのですが、キッチンが各階で＿＿11＿＿（共）用となっています。料理をしようと思えばできますし、実際している寮生もいます。先日は、韓国人の友達が、手作りビビンバ（拌饭）を作って食べさせてくれました。共同のキッチン＿＿12＿＿作ったそうです。その友達の部屋はキッチンから近いということもあり、よく母国の料理を自分で作って食べるそうです。しかし、私の部屋はキッチンから非常に遠い位置＿＿13＿＿あります。

　　それに、寮でご飯を出してくれることもあって、長く住んでいますが、料理をしたことはなかったです。でも、急に母国のご飯を＿＿14＿＿（食べたい）なることがあります。外食もできますが、自分で＿＿15＿＿（作る）たほうが安いですし、本場の味が味わえます。そのため、今日は母国の味を作ってみました。

　　最初はうまくできる＿＿16＿＿不安でしたが、食べてみたら結構＿＿17＿＿（美味しい）ので、

また作ってみたいです。写真を撮って母国にいる母に送りましたが、「いい出来だ」と____18____（ほめて）くれました。

今は寮生活ですが、半年後に____19____（引っ越す）、一人暮らしが始まります。一人暮らししてからも、たまに料理____20____（できる）ばいいなと思います。

# 第三十三回

第一节（共 10 小题；每小题 1.5 分，满分 15 分）

    **阅读下面短文，从每题所给的 A、B、C、D 四个选项中选出最佳选项。**

    一昨日は、朝6時ごろに____1____が覚めました。夏なのに、寒いと感じ、体温を測ってみると37.2度。____2____、水を飲んで、バナナを食べました。寒いので毛布を出しました。もともと____3____していましたが、出られなくなってしまい、暇だったので読書をしようと思いました。でも、つらくて、内容が頭に入ってきませんでした。仕方ないので1時間____4____寝て、家にあるものを食べました。ポテチ（薯片）と菓子パン。健康にあまりよくないことは知っていますが、買い物____5____出られないので、仕方がないです。しばらくして、夜になりました。もう寝ようと思いましたが、昼間に寝たので、____6____寝られませんでした。目を閉じていると、____7____寝ていました。

    朝になりました。朝になると、体が少し楽になっていました。暑かったのか、寝ている間に毛布をベッドの下に投げていました。体温を測ってみると、36度7分になっていました。熱が____8____、本当によかったです。昨日は____9____寒く感じたのに、今日はとても暑く感じましたから、エアコンをつけました。また熱が出ないように、温度を高めに設定して、完治するまで____10____過ごします。

1. A. 手          B. 目          C. 耳          D. 鼻
2. A. とりいそぎ    B. となったら    C. というと    D. とりあえず
3. A. 外出するなら    B. 外出すれば    C. 外出しようと    D. 外出すると
4. A. ごろ        B. ぐらい        C. しか        D. だけ
5. A. にも        B. ても        C. でも        D. とも
6. A. ぜんぜん     B. いよいよ     C. なかなか     D. とうとう

7. A. いつのまにか　　　B. いつから　　　C. いつまでも　　　D. いつもどおり

8. A. 上げて　　　B. 上がって　　　C. 下げて　　　D. 下がって

9. A. こんなに　　　B. あんなに　　　C. そんなに　　　D. どんなに

10. A. ゆっくり　　　B. がっかり　　　C. しっかり　　　D. そっかり

**第二节（共 10 小题；每小题 1.5 分，满分 15 分）**

　　阅读下面短文，在空白处填入适当的助词或括号内单词的正确形式，括号内单词有下画线时，写出该单词的汉字或假名。

　　こんなふうに考える航空会社があったらどうだろう。天候を理由に＿＿11＿＿（欠航する）ば、客から不満が出る。だから一旦搭乗させ、ひどい乱気流の中「もう引き返してくれ」との声が出るのを待つ。そうやって客＿＿12＿＿納得してもらうのがいい。

　　絶対にあり＿＿13＿＿（得る）。知床半島で事故を起こした観光船会社の社長の説明したのは、それに近いものだ。せっかくだから、船に乗りたいと客は言う。だから、実際に揺れを経験してもらい、「『帰ってくれ』みたいな気持ちになって、納得していただく方法を取っていた」と述べた。

　　これまでも乗客を危険にさらしてきた、ということか。事故のあった日も午後には荒れた天気が予想され、運航＿＿14＿＿見合わせるべきだとの忠告を受けていたようだ。命綱である通信手段も、無線は事務所のアンテナが折れて使えず、衛星電話は修理中だった。

　　海が荒れたら引き返すという「条件付き運航」だったというが、判断の＿＿15＿＿（放き）にほかならない。戻れない＿＿16＿＿の事態は想定しなかったか。

　　そんなお＿＿17＿＿（粗末）が、あまりに痛ましい結果を招いてしまった。亡くなった人の中には、結婚を控えているという 28 歳の男性がいた。半数＿＿18＿＿（近い）の人がいまだに見つかっていない。

　　今日からの大型連休では、久しぶりににぎわいを取り戻す観光地も多いだろう。機械や道具に＿＿19＿＿（不調）はないか。安全意識は錆付いてはないか。いくら点検しても、＿＿20＿＿（する）すぎることはない。

# 第三十四回

**第一节（共 10 小题；每小题 1.5 分，满分 15 分）**

　　阅读下面短文，从每题所给的 A、B、C、D 四个选项中选出最佳选项。

　　このごろ東京では空が湿り、肌寒い日が続く。思わず長袖シャツと厚手の靴下を引っ張り出した。衣替えはもう少し先でよい___1___なのに、どうしたことか。

　　東京には先週末から低温注意報なるものが出ている。残暑の季節に低温とは異な感じもするが、ここ数日、東京の気温は平年より 5 度も 6 度も低い___2___。気象庁によると、低温のため農作物に被害が生じる___3___場合は、夏場であっても発表されるそうだ。

　　「富士山に雪！」「今年は早いな」。きのう早朝から SNS では、___4___雪化粧した富士山の写真が相次いで投稿された。山頂の観測データによれば、夜___5___また零下の冷え込みとなった。

　　ただ積雪がはっきりと確認できたのは静岡県側___6___。「山梨県側から視認できないと初冠雪は発表できません。こちらは雲___7___富士山が見えなかったので……」と甲府地方気象台。もし昨日確認されていたら、平年より 1 カ月ほど早い記録となる___8___。

　　全国的にはなお暑さの___9___地域が多い。東京でも週の後半には夏の日差しが戻りそう。季節の変わり目、思わぬ寒暖差に体調を___10___ことなきよう、どなたもご自愛を。

1. A. ほう　　　　　B. こと　　　　　C. はず　　　　　D. もの
2. A. ようだ　　　　B. らしい　　　　C. そうだ　　　　D. みたいだ
3. A. おそれがある　B. きらいがある　C. ものがある　　D. ことがある
4. A. うっそりと　　B. うんざりと　　C. うっかりと　　D. うっすらと
5. A. にかける　　　B. における　　　C. にかけて　　　D. において
6. A. のみ　　　　　B. から　　　　　C. まで　　　　　D. けど
7. A. に避けられて　B. に遮られて　　C. に被られて　　D. に覆われて
8. A. までだった　　B. ものだった　　C. ところだった　D. ことだった
9. A. はなはだしい　B. きびしい　　　C. さびしい　　　D. ただしい
10. A. 倒す　　　　　B. 崩す　　　　　C. 壊す　　　　　D. 潰す

第二节（共 10 小题；每小题 1.5 分，满分 15 分）

阅读下面短文，在空白处填入适当的助词或括号内单词的正确形式，括号内单词有下画线时，写出该单词的汉字或假名。

みなさんは、どんな枕を使っていますか。先日、ショッピングをし＿＿11＿＿デパートに行った時のことです。＿＿12＿＿（枕）専門店に人がたくさんいました。みんな、自分の頭の形に合う枕を買いに来ていたようです。

私は、枕に対してそんなにいろいろな感情を持っていません。あるほうがいいですが、＿＿13＿＿（柔らかい）はなんでもいいです。旅館とかにある、＿＿14＿＿（硬い）すぎる枕は、ちょっと苦手です。でも、人気だったし、ちょっと気になってお店に入ってみました。すると、それはもう＿＿15＿＿（おどろ）きました。枕なのに、2万円も3万円もする＿＿16＿＿です。私の枕は、近所のスーパーで1500円くらい＿＿17＿＿買ったものです。枕にお金をかけるなら、おいしいご飯をたくさん食べたいと思っています。

この話を母にすると、「あなたはまだ子供ね」と言われました。大人になったら、枕の大切さが＿＿18＿＿（いい）わかるそうです。歳を取ったら、肩とか背中とかが寝ている間に痛くなるそうです。自分に合った枕を使っている＿＿19＿＿、その痛みは少なくなるそうです。母は、私にそう教えてくれました。私にはあまりわかりませんでした。今の私には、まだ早いみたいです。枕を買うのは、十分に大人になってからに＿＿20＿＿（する）と心に決めました。

# 第三十五回

第一节（共 10 小题；每小题 1.5 分，满分 15 分）

阅读下面短文，从每题所给的 A、B、C、D 四个选项中选出最佳选项。

最近、生活を朝型に変えました。朝型というのは、朝早く起きて、夜早く寝ることです。夜型は、朝遅く起きて、夜も遅く寝ることです。＿＿1＿＿は、ずっと夜型でした。朝起きるのが＿＿2＿＿で、夜も遅くまで起きていました。どうして＿＿3＿＿、夜に英語の勉強をしていたからです。

夜に、英語のラジオを聴きながら、1時くらい＿＿4＿＿勉強してました。でも、夜遅くま

で起きていたら、疲れがとれません。___5___、英語のラジオが朝6時にもやっているのを知り、朝型生活に変えてみました。

　勉強は、朝のほうが集中できるということが分かりました。眠くないし、気分が___6___し、とても良いです。それに、夜は早く寝ますから、とても健康的です。夜中2時に寝て、8時間後の10時に起きるのと、夜10時に寝て、8時間後の6時に起きるのでは、体の___7___が全然違います。それに、朝勉強するほうが、すぐに覚えられる感じが___8___。

　私は、朝型に変えて、いいこと___9___だということを知りました。今まで夜型をしていた自分に、「早く朝型に変えたほうがいいよ」と教えたいです。また、今夜型生活している人は、早く朝型___10___のをおすすめします。

1. A. いままで　　　B. いまでも　　　C. いまでは　　　D. いまだに
2. A. じっくり　　　B. びっくり　　　C. そっくり　　　D. ゆっくり
3. A. かとすると　　B. かというと　　C. かとみると　　D. かといって
4. A. ごろ　　　　　B. ほど　　　　　C. まで　　　　　D. さえ
5. A. そこで　　　　B. それで　　　　C. そして　　　　D. それに
6. A. はっきりする　B. すっきりする　C. めっきりする　D. かっきりする
7. A. 弱さ　　　　　B. 強さ　　　　　C. 軽さ　　　　　D. 重さ
8. A. します　　　　B. あります　　　C. しません　　　D. ありません
9. A. きっかり　　　B. しっかり　　　C. がっかり　　　D. ばっかり
10. A. にする　　　　B. とする　　　　C. になる　　　　D. となる

**第二节（共 10 小题；每小题 1.5 分，满分 15 分）**

　阅读下面短文，在空白处填入适当的助词或括号内单词的正确形式，括号内单词有下画线时，写出该单词的汉字或假名。

　年齢に___11___（関わる）ず、生活リズムが崩れると体内リズムや自律神経の乱れに___12___（つな）がり、色々な体調不良を起こしやすくなります。ということは、生活リズムを___13___（整）えることが大切ということです。生活リズムを整えるポイントのスタートは睡眠時間の確保です。

　明日の朝は何時に始動するのか。睡眠時間を確保するために、何時に就寝するのか。そ

して、朝、睡眠中にリラックスしている身体を_____14_____（始動する）ためにするポイントが、光と体温です。起きたらすぐにカーテンを開け、目に光が入ると交感神経にスイッチが入ります。_____15_____（不思議）くらい、パチッとスイッチが入るのが感じられます。そして、朝食を食べること_____16_____体温が上がり、さらに体が活動的になります。ポイントは、_____17_____（噛む）食べる＋最低でもご飯（炭水化物）とおかず（蛋白質）をとることです。ご飯（炭水化物）は、脳のエネルギー源であり、午前中精神_____18_____集中していきいきと活動するために大切です。

身体がしっかり目覚めていないと、通勤電車の中で_____19_____（辛い）なることにつながりやすくなります。心が「元気でないな」と感じる時こそ、起きるべき時間に起き、カーテンを開け、噛む朝食を9時までには食べてほしい_____20_____私は学生にも中高齢の方にも伝えています。

# 第三十六回

**第一节（共 10 小题；每小题 1.5 分，满分 15 分）**

　　阅读下面短文，从每题所给的 A、B、C、D 四个选项中选出最佳选项。

　　成長する時に、大切なのは「自己肯定感」です。自己肯定感とは、_____1_____の自分が良いと思える状態のことを言います。_____2_____、自分の良いところも、悪いところも、受け入れて、良いとしている状態のことを「自己肯定感が高い」と言います。

　　自己肯定感が高いと失敗した時に落ち込む_____3_____、「何とかなる」「また頑張ればいい」と思うことができます。失敗も成長の材料にすることができるため、結果、気持ちが安定して、やる気が出て行動を始められること_____4_____も、いろいろなことに挑戦し_____5_____ことができます。

　　自己肯定感が高い人々は、さまざまな面で恩恵を受けることができます。彼らは自分自身に自信を持ち、自己価値を高める傾向があり、その結果、個人的な関係やキャリア_____6_____成功する確率が高まります。また、自己肯定感が高い人々は、他人とのコミュニケーションにおいてもより効果的で、人間関係を_____7_____ことが得意です。

　　_____8_____、自己肯定感は個人の成長と幸福に大きな影響を与える要因です。自己肯定感を高めるためには、_____9_____な自己評価を育むこと、達成感を感じるための目標設定、失敗を

学びの機会と捉えることなどが役立ちます。自己肯定感を高めることは、自分自身と向き合い、自分を受け入れるプロセスでもあります。したがって、自己肯定感の向上は、幸福で充実した人生を築くための重要な一歩と____10____。

1. A. これまま        B. それまま        C. このま        D. そのまま
2. A. なぜなら        B. だから          C. つまり        D. というのは
3. A. ことはあり      B. ことはなく      C. ものはなく    D. ものはあり
4. A. から            B. まで            C. すら          D. さえ
5. A. ている          B. てある          C. ていく        D. てくる
6. A. における        B. において        C. に対する      D. に対して
7. A. 立てる          B. 構う            C. 建つ          D. 築く
8. A. これなら        B. それでは        C. 要するに      D. すなわち
9. A. ポジティブ      B. ネガティブ      C. ドライブ      D. プライバシー
10. A. 言えないでしょう                   B. 言えるでしょう
    C. 思えないでしょう                   D. 思えるでしょう

**第二节（共 10 小题；每小题 1.5 分，满分 15 分）**

　　阅读下面短文，在空白处填入适当的助词或括号内单词的正确形式，括号内单词有下画线时，写出该单词的汉字或假名。

　　行列には、見せたい行列と、見せたくない行列がある。商品などは長い列ができれば、人気の____11____（証）になる。2008 年にマクドナルドの新バーガーに人々が____12____（並ぶ）話題になったが、後にアルバイトを使っていたことが暴露した。

　　見せたくない行列の代表は、銀行の取り付けであろう。バブル____13____（ほうかい）後の金融危機では、一部の銀行に預金引き出しの列ができた。不安が不安を____14____（呼ぶ）ないように列を店内に誘導した例もあったようだ。さて話は東京・渋谷のワクチン行列である。

　　予約なしの若者向け接種会場を設けた東京都からすれば、何らかの列ができるのは予想したはずだ。____15____（とする）ば都にとってこれは見せたい行列だったのか。若者に接種の機会を与えている____16____世に示すために。

いやこれは見せてはいけない行列だった。初日に想定した200人分＿＿17＿＿は全然足りず、見通しの甘さを暴露した。翌日から抽選になったが、そもそもスマホやネットを＿＿18＿＿（使う）こなす人たちになぜ現地集合なのか。高齢者はネット予約で四苦八苦したのに。

考えてみればコロナ禍で様々な行列が生まれた。お店で密にならないよう外に並ぶ。医療従事者、高齢者……という並び順に異存はないが、もっと進んでいる国もあるのにと思えば不満も募る。

そして一番深刻なのが、入院を待つ人の長い列だ。救急車に乗せられても病院が見つからず、自宅に戻される例も＿＿19＿＿（報道する）。できれば見たくなかった日本の医療の＿＿20＿＿（脆弱）である。

# 第三十七回

第一节（共 10 小题；每小题 1.5 分，满分 15 分）

　　阅读下面短文，从每题所给的 A、B、C、D 四个选项中选出最佳选项。

　　自分が好きで始めたことなのに、やって＿＿1＿＿「自分はなぜこれをやるんだろう？」と迷子になってしまう気持ちは、みんな味わったことがある＿＿2＿＿。仕事や活動でうまくできなかったときや、好きだったはずの趣味が楽しくなくなったとき、それまでは考え込ま＿＿3＿＿やれていたのに、「なんでこれが好きなんだっけ？」「何のためにやってるんだっけ？」と考えてしまう。理由を言葉で明確に言え＿＿4＿＿気がして、それがすっと出てこないことに焦ったり、空しくなったりしてしまう。

　　そんな時は焦らなくていい。しばらく、やめ＿＿5＿＿いいのだ。しばらくやめてみて、もうやりたくないという気持ちが出てしまったら、それは飽きてしまった＿＿6＿＿。また、やりたくなったら、＿＿7＿＿好きだったということ。一度飽きても、また好きになること＿＿8＿＿ある。お肉が好きで、毎日食べていたら「もういらない」という気持ちになるが、＿＿9＿＿また食べたら、「やっぱりおいしい」と思うことがあるだろう。同じことだ。

　　＿＿10＿＿、好きなことが好きじゃなくなってしまったなど思って焦らなくても良い。

1. A. くるうちに 　　　　B. いくうちに 　　　　C. いるうちに 　　　　D. あるうちに

2. A. んじゃないだろうか  B. んじゃないだろう
   C. んじゃないでしょう  D. んじゃないであろう
3. A. なくで  B. なくて  C. ずに  D. ぜずに
4. A. なくてもいい  B. てもいい  C. てはいけない  D. ないといけない
5. A. てみたら  B. ておいたら  C. ていたら  D. てしまったら
6. A. という見込みだ  B. という意味だ  C. ということだ  D. というものだ
7. A. すっぱり  B. やっぱり  C. きっぱり  D. さっぱり
8. A. すら  B. さえ  C. ても  D. だって
9. A. たまに  B. めったに  C. すぐに  D. 決して
10. A. しかし  B. だから  C. それでは  D. それに

**第二节（共10小题；每小题1.5分，满分15分）**

　　阅读下面短文，在空白处填入适当的助词或括号内单词的正确形式，括号内单词有下画线时，写出该单词的汉字或假名。

　　海外留学や、海外生活をしていた日本人が帰国して＿＿11＿＿（痩せる）健康的になったと言っていたり、外国人が日本にきて体が＿＿12＿＿（軽い）なったと言っているのをよく聞きます。それは、和食が関係しているのでしょう。

　　和食がヘルシーという理由の一つは、全部の量にはいっている蛋白質・脂質・炭水化物の＿＿13＿＿（割合）が良いからです。特に、米を中心とした食習慣が食事の＿＿14＿＿（えいよう）バランスを良くしています。

　　時代とともに、炭水化物の割合がずいぶん＿＿15＿＿減り、蛋白質量が少しずつ増えています。蛋白質が増える＝主菜（おかず）が増え、内容は肉・卵が増えています。脂質については、肉や卵が増えること＿＿16＿＿、そこに含まれている脂質が増え、さらには調理の際に使用する油も増えていると言えます。

　　日本の食事の＿＿17＿＿（いい）として、海に＿＿18＿＿（囲む）れているため魚を食べる量が多いとされていましたが、それも減ってきています。それに＿＿19＿＿（伴う）、脂質の種類も血液中の飽和脂肪酸量が増え、魚＿＿20＿＿含まれている不飽和脂肪酸の割合が少なくなっているのが現状です。

# 第三十八回

第一节（共 10 小题；每小题 1.5 分，满分 15 分）

　　阅读下面短文，从每题所给的 A、B、C、D 四个选项中选出最佳选项。

　　血液は栄養価値が高いので、世界各国に血を使った伝統料理が＿＿1＿＿。例えば、豚や羊の腸に血を＿＿2＿＿「ブラッドソーセージ（血肠）」は、ドイツやモンゴルでよく食べられています。

　　中国の鍋料理「毛血旺（マオ・シュエ・ワン）」に＿＿3＿＿食材「血豆腐」は、豚など家畜の血を固めたもので、見た目はレバー（杠杆）の＿＿4＿＿。タイ料理にも、豚の血を固めたレバー状の食材を辛く＿＿5＿＿麺料理があります。

　　スウェーデン（瑞典）の伝統食「血のプリン」は、黒々とした見た目で＿＿6＿＿しますが、豚や牛の血に小麦粉や玉ネギ、シナモン（肉桂）などのスパイス（调味料）が入っており、鉄分＿＿7＿＿だそうです。沖縄にも「チーイリチャー」という、豚や山羊の血を使った煮物料理がありますが、どろっと（黏稠）していて真っ黒なので、何も知らないと食べるの＿＿8＿＿ちょっと勇気がいります。

　　血の料理は見た目が黒いものが多いようですが、食前酒として飲まれるスッポン（甲鱼）の生血は＿＿9＿＿赤な鮮血の色。＿＿10＿＿、黒くても赤くても、血を使った料理は、どの国でも好き嫌いがかなり分かれるといわれています。

1. A. 考えられます　　　B. 思われます　　　C. 言われます　　　D. 見られます

2. A. 込めた　　　　　　B. 溜めた　　　　　C. 詰めた　　　　　D. 固めた

3. A. 使用する　　　　　B. 使われる　　　　C. 使う　　　　　　D. 用いる

4. A. ようです　　　　　B. そうです　　　　C. みたいです　　　D. らしいです

5. A. 茹込んだ　　　　　B. 焼込んだ　　　　C. 煮込んだ　　　　D. 蒸込んだ

6. A. びっくり　　　　　B. そっくり　　　　C. ざっくり　　　　D. ゆっくり

7. A. どっさり　　　　　B. たっぷり　　　　C. ぎっしり　　　　D. びっしり

8. A. は　　　　　　　　B. も　　　　　　　C. に　　　　　　　D. で

9. A. 黒っ　　　　　　　B. 完っ　　　　　　C. 全っ　　　　　　D. 真っ

10. A. ほかに　　　　　　B. ただ　　　　　　C. また　　　　　　D. それで

第二节（共 10 小题；每小题 1.5 分，满分 15 分）

　　阅读下面短文，在空白处填入适当的助词或括号内单词的正确形式，括号内单词有下画线时，写出该单词的汉字或假名。

　　竹の面白みは、季節に＿＿11＿＿（争）うようなところにある。秋に草木が色づく頃には青々として、自分だけ春の装いとなる。やや場違いなその様子は「竹の春」と呼ばれ、季語にもなっている。そして今の春の季節は「竹の秋」である。

　　葉が黄色くなるのは、＿＿12＿＿（いきおい）よく伸びる竹の子に養分を回しているからららしい。自らは秋に身を置き、若い仲間たちに春をもたらす。次の世代＿＿13＿＿の思いやりにも見える。

　　時に優しく、時に厳しく。次世代をどう育てるかが＿＿14＿＿（問う）季節である。あちこちの職場で、新たに入社した人たち、異動で新たな仕事を始める人たちの姿がある。新人研修でも実地の訓練でも、すでに育った竹たちの出番（亮相）である。

　　かなり昔になるが、学校を出て最初に入った出版社の研修＿＿15＿＿聞いた話がある。講師役は、少女向け雑誌に＿＿16＿＿（長い）携わるベテラン編集者だった。子どもが＿＿17＿＿（いない）その人は、読者の気持ちに少しでも近づこうと、自分のなかで架空の少女を思い描いていた。

　　少女に名前をつけ、あの子はいま学校に行っているかな、友だちと遊んでいるかな、などといつも想像していたと話してくれた。＿＿18＿＿（学ぶ）のは、雑誌を手にとってくれる人を常に考える姿勢である。どんな製品、サービスでも同じであろう。

　　竹の子たちは、背の高く＿＿19＿＿（しなやか）竹に出会い、あの人のようになれるだろうかと不安を覚えるかも。しかし誰でも竹の子の時代は＿＿20＿＿（悩む）ながら過ごしたはずだ。

# 第三十九回

第一节（共 10 小题；每小题 1.5 分，满分 15 分）

　　阅读下面短文，从每题所给的 A、B、C、D 四个选项中选出最佳选项。

　　健康な食習慣の＿＿1＿＿理由は「特にない。面倒くさい。仕事・家事・育児などが忙しく

て時間がない。」です。

　栄養指導をしていて、食事を改善したい、と行動を変える方々は、____2____今、体の調子が良くない方です。生活習慣病を____3____、痛み等の症状がなければ、習慣を変えようとは____4____思いませんよね。

　こんな男性がいらっしゃいます。

　長期間、健康診断の悪い結果____5____放置されていたのですが、ちょっとした気持ちの変化から「今年は、改善する！」と決め、色々と前向きに____6____、体重が落ちてきていました。

　しかし、通勤中の電車で、心筋梗塞を起こし緊急搬送をされ____7____。その後、無事退院し、後遺症もなく過ごして____8____のですが、「何ともないと放置していた期間が長かったからね。もっと早く生活習慣を改善していれば、こんなことにはならなかったのにって、担当医にも言われたよ。症状がなくても、健康診断の悪い結果は放置____9____と、今は心の底から思うよ。____10____、周りの人にも放っておいてはダメだ！って言っているよ。」とお話してくださいました。

1. A. お失礼になっている　　　　　　　B. ご邪魔になっている
　 C. お邪魔になっている　　　　　　　D. ご失礼になっている
2. A. ときに　　　　B. まさに　　　　C. 確かに　　　　D. たまに
3. A. 持ってきなくても　　　　　　　　B. 持ってきても
　 C. 持っていなくても　　　　　　　　D. 持っていても
4. A. ずいぶん　　　B. なかなか　　　C. とても　　　　D. 非常に
5. A. は　　　　　　B. に　　　　　　C. を　　　　　　D. が
6. A. 取り扱い　　　B. 取り急ぎ　　　C. 取り引き　　　D. 取り組み
7. A. てしまいました　B. ておきました　C. てしまいます　　D. ておきます
8. A. 申し上げる　　B. いらっしゃる　C. お目にかかる　D. おっしゃる
9. A. しなくじゃいけない　　　　　　　B. しなくちゃいけない
　 C. しちゃいけない　　　　　　　　　D. しじゃいけない
10. A. つまり　　　　B. それで　　　　C. しかし　　　　D. だから

第二节（共 10 小题；每小题 1.5 分，满分 15 分）

　　阅读下面短文，在空白处填入适当的助词或括号内单词的正确形式，括号内单词有下画线时，写出该单词的汉字或假名。

　　春はみなさんにとってどんな季節ですか。花が＿＿11＿＿（素敵）季節、新しい出会いがある季節など、感じ方は人それぞれです。それは春に限らず春夏秋冬すべての季節に対してもそうですし、季節に限らず様々な物事は人に＿＿12＿＿（よる）て感じ方が違います。

　　例えば、変化や新しいことに対してわくわくをよく感じる人もいれば、＿＿13＿＿（とまどい）や不安をよく感じる人もいます。休みの日に出かけたり誰＿＿14＿＿と過ごしたりするのが好きな人もいれば、ゆっくりと自分一人の時間＿＿15＿＿過ごすのが落ち着く人もいます。それぞれどちらが良い、悪いということではなく、その人それぞれの個性です。

　　今の時代は＿＿16＿＿（多い）の情報があり、映画や動画を倍速で見る＿＿17＿＿忙しい時間が流れているようです。なんだか＿＿18＿＿（疲れる）な、しんどいなという時は、もしかしたら自分の感じ方と今の過ごし方が少しずれているのかもしれません。

　　そういう時には、小さなことからでも自分の感じ方を見つめてみて＿＿19＿＿（くださる）。あなたが落ち着くのはどんな時間ですか。＿＿20＿＿（心地）よい場所はどこでしょうか。

# 第四十回

第一节（共 10 小题；每小题 1.5 分，满分 15 分）

　　阅读下面短文，从每题所给的 A、B、C、D 四个选项中选出最佳选项。

　　「私には才能がないんだよねー。」「天才＿＿1＿＿よー。」という人がいます。私も、そうでした。でも、そう言う人は天才を妬める＿＿2＿＿、まだ努力をしていないのです。

　　私が高校生になった時、テニスがやりたいと思って、テニスクラブに入りました。半年くらい続けていた時、急にもうやめたいと思う＿＿3＿＿のです。どうしてかと言うと、大会で 1 度＿＿4＿＿勝つことができなかったからです。全然思うようにボールが打てず、＿＿5＿＿しました。それで、他の人の試合をみている時、すごく上手な人を＿＿6＿＿のです。「ああ、あの子は才能があるから、勝てるんだ。きっとテニスの天才なんだろうな。」と思いました。

　　そんな天才を見て、「自分は才能がないからやめよう」と思ったのです。それから家に帰っ

て、母にやめたいことを伝えました。　　7　　、母は「あなた、才能がどうとかいうほど練習してないじゃない」と言いました。よく思い返してみれば、　　8　　あまり練習を真剣にやっていませんでした。

それから、私は一生懸命練習しました。だんだんうまくなって、試合でも　　9　　ようになりました。　　10　　も、母のこの言葉を忘れないようにして、テニスをがんばりたいです。

1. A. じゃないからできない　　　　　B. ちゃないからできない
   C. じゃないからことない　　　　　D. ちゃないからことない
2. A. すら　　　　B. さえ　　　　C. まで　　　　D. ほど
3. A. ことになった　B. ようになった　C. ようにした　D. ことにした
4. A. が　　　　　B. も　　　　　C. に　　　　　D. しか
5. A. すらすら　　B. からから　　C. いらいら　　D. だらだら
6. A. 見られた　　B. 見えた　　　C. 見つけた　　D. 見つかった
7. A. ただし　　　B. そこで　　　C. つまり　　　D. すると
8. A. めったに　　B. 決して　　　C. たしかに　　D. たしか
9. A. 勝てる　　　B. 勝つ　　　　C. 勝たれる　　D. 勝たられる
10. A. いまから　　B. これから　　C. それから　　D. あれから

**第二节（共 10 小题；每小题 1.5 分，满分 15 分）**

阅读下面短文，在空白处填入适当的助词或括号内单词的正确形式，括号内单词有下画线时，写出该单词的汉字或假名。

やら　　11　　（ない）ならないと思っていても、動けないことってありますよね。時間が　　12　　（ある）わけではないのに、やっぱり動けない。人の心というものはそういうものです。　　13　　（いい）ない結果が待っているのが分かっていても動かないのだから、とても　　14　　（面倒）くさい人間です。

でも、大丈夫。そんな時に役　　15　　立つのが心スイッチです。心スイッチは、「よし！やるぞ！」と、自分の気持ちを変えるスイッチです。逃げ　　16　　（出す）とする心を引き止め気持ちを上げて空気を変える。　　17　　（動きだす）心を応援し、一気に背中を押し出して最初の一歩を　　18　　（踏み出す）。心スイッチは行動を起こす原因作る魔法のスイッチです。

心スイッチ____19____使えば、行動を起こせずに感じてきた後悔からは解放されます。重かった心と体がすっと立ち上がり、前を向いて歩き出す。今まで手が届きそうもなかった____20____（ゆめ）や希望がすぐそこに見えてくる。あなたも、ぜひ心スイッチを使ってみてください。

# 第四十一回

第一节（共 10 小题；每小题 1.5 分，满分 15 分）
　　阅读下面短文，从每题所给的 A、B、C、D 四个选项中选出最佳选项。

　　「当たり前のことをいっているのに相手がきいてくれません」とか、「なぜかわからない____1____、当たり前のことができないです」というのをよく聞きます。人____2____差はありますが、一般的に「当たり前の」とは、「やって当然の、誰でもできる」ことを指しています。挨拶をする、歯を磨く、____3____時間に仕事や学校へ行くなどは、多くの人____4____当たり前のことと認識されているでしょう。

　　ただ、そんな当たり前のことでも、常に、完璧にできるかというと、そうではない____5____。一つ一つは簡単でも、ずっと続けるにはそれ____6____努力が必要かもしれません。それに、周りから当たり前といわれても、自分にとっては____7____場合もあります。

　　そう考えると、もし今あなたが「当たり前のこと」を日々継けてできている____8____、それはすごいこと____9____。そして、できない時があれば「当たり前のことは、意外と____10____のだ」という見方をもってもらえたらなと思います。

1. A. から 　　　　　B. のか 　　　　　C. けれど 　　　　　D. のだか
2. A. によって 　　　B. による 　　　　C. によると 　　　D. により
3. A. 決まった 　　　B. 決めた 　　　　C. 決まられた 　　　D. 決められた
4. A. にたいして 　　B. にとって 　　　C. にして 　　　　　D. において
5. A. 気がします 　　B. 気になります 　C. 気があります 　　D. 気にします
6. A. ことに 　　　　B. ように 　　　　C. ものに 　　　　　D. なりに
7. A. こうである 　　B. そうでない 　　C. こうでない 　　　D. そうである
8. A. なら 　　　　　B. と 　　　　　　C. ば 　　　　　　　D. たら

9. A. じゃないだろう 　　　　　　B. ではないでしょうか

　　C. じゃないであろう 　　　　　D. ではないでしょう

10. A. きびしい 　　B. くわしい 　　C. むずかしい 　　D. やさしい

**第二节（共 10 小题；每小题 1.5 分，满分 15 分）**

　　阅读下面短文，在空白处填入适当的助词或括号内单词的正确形式，括号内单词有下画线时，写出该单词的汉字或假名。

　　自分の頭で考えることが大事だとよく＿＿＿11＿＿＿（言う）。他人が考えたことに同意している＿＿＿12＿＿＿、自分よりも他人の考えを優先することになるからだろう。

　　確かに自分の意思決定は自分の事情を一番良く知る自分自身が＿＿＿13＿＿＿（行）うべきだ。経験豊富な人のアドバイスに＿＿＿14＿＿＿（したがう）やったほうがいいときもあるが、そうするかどうかも自分の意思である。

　　ところで、何が自分の考えと呼べるのだろう。そしてどうしたら自分の頭＿＿＿15＿＿＿考えられるのだろう。他人の考えと自分の考え＿＿＿16＿＿＿比べるときの（基じゅん）＿＿＿17＿＿＿はそれぞれに「感じる危険性」だ。そうすると、自分の考えたことが危険だと思ってしまうのは自分と同じ考えの人の数は少ないのではないかと考えるからだ。

　　「多くの人の考え」が＿＿＿18＿＿＿（いい）そうに見えるのはそこに数量の多さを感じるからだ。でも、そんなことより、自分がどうしたいかが重要＿＿＿19＿＿＿（です）。自分のしたいようにして、よくないと思ったら、数が多い考えを＿＿＿20＿＿＿（取り入れる）みるのがいいだろう。

# 第四十二回

**第一节（共 10 小题；每小题 1.5 分，满分 15 分）**

　　阅读下面短文，从每题所给的 A、B、C、D 四个选项中选出最佳选项。

　　こなす仕事の量が＿＿＿1＿＿＿、休む暇もないほど忙しい状態を誰かに伝えるなら、どんな言葉が良いでしょう。「超忙しい」「めっちゃ忙しい」は世間話ならいいでしょうが、ビジネスの場ではそうはいきません。「てんてこ舞いしています」は＿＿＿2＿＿＿。

「てんてこ舞い」＿＿3＿＿、慌てふためき（大喊大叫）騒いだりして、落ち着くことができない状態を表しています。＿＿4＿＿では間に合わないと危機感を持っている状態なので、「年末でてんてこ舞いしている」「予定どおりに進まずてんてこ舞いだ」という使い方が＿＿5＿＿です。「てんてこ舞」の「てんてこ」というのは、祭で使われる太鼓の＿＿6＿＿で、それに合わせて人が舞い踊る姿に由来しています。いつのまにかおどり回る様子が＿＿7＿＿の様子と重なって使うようになりました。

新商品が＿＿8＿＿対応できずてんてこ舞いするなら、嬉しい限りですが、悪い状況にも使われます。「問題が発生してその＿＿9＿＿にてんてこ舞いだ」「事業の存続をかけててんてこ舞いしている」＿＿10＿＿使い方もありえます。

1. A. 少なく過ぎて　　B. 多すぎて　　　　C. 少ないすぎて　　D. 多いすぎて
2. A. いかがでしょうか　　　　　　　　　B. いかがだろう
　　C. いかがでしょう　　　　　　　　　　D. いかがであろう
3. A. ては　　　　　　B. のは　　　　　　C. とは　　　　　　D. には
4. A. それまま　　　　B. そのまま　　　　C. これまま　　　　D. このまま
5. A. ぴったり　　　　B. すっかり　　　　C. うっかり　　　　D. しっかり
6. A. 響　　　　　　　B. 音声　　　　　　C. 声　　　　　　　D. 音
7. A. おそろしさ　　　B. おそろしい　　　C. いそがしさ　　　D. いそがしい
8. A. 発売して　　　　B. 売れて　　　　　C. 売って　　　　　D. 販売して
9. A. 処理　　　　　　B. 処置　　　　　　C. 処方　　　　　　D. 処分
10. A. っては　　　　　B. という　　　　　C. といった　　　　D. っていう

第二节（共 10 小题；每小题 1.5 分，满分 15 分）

　　阅读下面短文，在空白处填入适当的助词或括号内单词的正确形式，括号内单词有下画线时，写出该单词的汉字或假名。

　　うどんは、白い麺です。小麦粉＿＿11＿＿作ります。うどんの麺はそばやラーメンの麺より＿＿12＿＿（太い）です。日本中で人気があります。丼にうどんとつゆが入っていて、うどんの上におかずがのっています。たくさん＿＿13＿＿作り方があります。

　　関西では薄口醤油で作ります。関東では＿＿14＿＿（こい）口醤油で作ります。四国の麺

はコシがあって、九州や関西の麺は柔らかいです。コシがあるとは、うどんやそばの麺の＿＿15＿＿（固い）を言うときに使います。関東には武蔵野うどんというのもあります。別の丼のつゆ＿＿16＿＿太いうどんを入れて食べます。

その他に、ざるうどんは冷たいうどん。焼きうどんは醤油＿＿17＿＿ソースなどが焼いたうどんです。東京では、蕎麦屋に大抵うどんもあります。日本には＿＿18＿＿（いろいろ）うどんがあります。揚げ油がのっているうどんは、きつねうどん。天ぷらがのっているうどんは天ぷらうどん。肉がたくさんのっているうどんは、肉うどん＿＿19＿＿呼びます。そして、カレー味のうどんはカレーうどん。味噌味のうどんは味噌煮込みうどんです。その他に鍋に＿＿20＿＿（入る）鍋焼きうどんもあります。寒い季節によく食べます。

# 第四十三回

**第一节（共 10 小题；每小题 1.5 分，满分 15 分）**
　　阅读下面短文，从每题所给的 A、B、C、D 四个选项中选出最佳选项。

　　「書くこと」は私たちが昔からやってきたことです。子供の頃から、何文字も何文字も、たくさん書いてきました。書くことは、書くこと＿＿1＿＿のです。書くことは、「話すように書くべき」という＿＿2＿＿です。

　　何かを書く時は、自分の中＿＿3＿＿ものを、他の人にも伝えたいときです。＿＿4＿＿伝えたらいいか、頭で文章にしますよね。＿＿5＿＿、なかなか難しいですし、文章を書くことになったら、かなり時間がかかってしまいます。でも、話す時は、そんなに時間は必要ないし、言いたいことが＿＿6＿＿出てきますよね。ですから、書くときも話すときと同じようにすれば、流暢に書くことができるし、うまく文章にできる＿＿7＿＿です。

　　例えば、「昨日あった出来事」を作文＿＿8＿＿書くとき、文章にしようと思ったら、まずどれから書けばいいのか、どの順番で書けばいいのか、どんな言葉を使って説明するかを考えてから＿＿9＿＿。でも、話すように書くことを意識すれば、それが素早く、自然にできるようになります。文章を書く時は、誰かに話していることを常に考えながら書きましょう。

　　このように、誰かに話しているように、わかりやすく伝えようと意識しながら書けば、文章を書くのもうまくなっ＿＿10＿＿はずです。

1. A. べきではない　　B. はずではない　　C. わけではない　　D. だけではない

2. A. かた　　　　　　B. よう　　　　　　C. こと　　　　　　D. もの

3. A. にある　　　　　B. にいる　　　　　C. である　　　　　D. でいる

4. A. どれぐらい　　　B. どのぐらい　　　C. どれように　　　D. どのように

5. A. それなら　　　　B. それでも　　　　C. これなら　　　　D. これでも

6. A. やらやら　　　　B. からから　　　　C. すらすら　　　　D. ずらずら

7. A. べき　　　　　　B. よう　　　　　　C. わけ　　　　　　D. はず

8. A. として　　　　　B. にして　　　　　C. とする　　　　　D. にする

9. A. 書いてはいけません　　　　　　B. 書かなくてもいいなりません

　　C. 書かなければなりません　　　　D. 書かなくではいけません

10. A. てくる　　　　　B. ていく　　　　　C. てみる　　　　　D. ておく

**第二节（共 10 小题；每小题 1.5 分，满分 15 分）**

　　阅读下面短文，在空白处填入适当的助词或括号内单词的正确形式，括号内单词有下画线时，写出该单词的汉字或假名。

　　目上の人＿＿11＿＿何かを頼むのは、いつだって恐れ多いものです。「〜してください」というのも、なんだか厚かましい感じ＿＿12＿＿しますね。「〜していただけないでしょうか？」と疑問文で頼んでみたり、「もしお差し支えなければ」、とクッション言葉をつけてみたりして言い方に＿＿13＿＿（悩む）経験のある人も多いことでしょう。特に手紙は書面の場合、相手の＿＿14＿＿（反のう）をすぐに確認することができないので、いっそう気＿＿15＿＿使います。

　　会話と違い、直ちに返答が＿＿16＿＿（もらう）わけではないので、疑問形で呼びかける表現はあまり使いません。例えば、時候の挨拶でも、「お＿＿17＿＿（健やか）お過ごしのことと存じます」と推察するほうがよいとされています。依頼の場合にも、文章では疑問形の代わりによく「〜していただけたら＿＿18＿＿（幸い）です」という表現を使います。

　　このように、文書で＿＿19＿＿（厚かましい）なく、柔らかい表現で誰かにものを頼む場合は、＿＿20＿＿（言う）切るような形で書くことがよしとされており、口頭で伝える時は、疑問文を使って、相手の都合を考慮していますよ、という気持ちをアピールするのが良いでしょう。

# 第四十四回

第一节（共 10 小题；每小题 1.5 分，满分 15 分）

阅读下面短文，从每题所给的 A、B、C、D 四个选项中选出最佳选项。

子供は、いろいろなものを集めます。コレクターのようにものを吸い寄せる。

もっとも、コレクター　　1　　移り気で、大人になる失って、ほとんど忘れていきます。昔、集め　　2　　ものを物置の奥で見つけ出したときなど、　　3　　半分、感傷半分の苦笑いを浮かべながら処分する場合がほとんどでしょう。

小学 5 年生の頃、切手集めに　　4　　ことがありました。子ども向けの学習雑誌で切手の図案の美しさを知り、家に届く郵便物が楽しみでした。封筒の一部を切り取り、水に漬けると切手がするりと　　5　　。そんなふうに使用済みの切手を集めたのが、スタートでした。　　6　　、当時の流行りだったのでしょう。同級生と切手を交換した記憶もあります。

そのうちに切手　　7　　を見るようになり、実際の収集家の取引価格を知り、「月に雁（かり）」とか「ペニー・ブラック」といった高額の切手も知り、「きれい、珍しい」の素朴なコレクションの動機が「高い、安い」という損得の動機に変わっ　　8　　。

　　9　　、それは単に欲得でものを価値づけるようになっただけでなく、個人の思い出や素朴な感情にとって価値づけられていたモノの世界から、社会の共通の価値　　10　　秩序づけられたモノの世界へ踏み込んだ、初めの一歩だったようにも思えます。

1. A. にしては　　　　B. にしても　　　　C. としては　　　　D. としても
2. A. てある　　　　　B. ている　　　　　C. てあった　　　　D. ていた
3. A. はずかしい　　　B. はずかしさ　　　C. かなしい　　　　D. かなしさ
4. A. 夢中になった　　B. 夢中になる　　　C. 夢中にした　　　D. 夢中にする
5. A. 抜けられます　　B. 除かれます　　　C. 離れます　　　　D. 剥がれます
6. A. たぶん　　　　　B. もしかしたら　　C. きっと　　　　　D. ぜひ
7. A. カタカナ　　　　B. カタガタ　　　　C. カタログ　　　　D. カタヅケ
8. A. てきます　　　　B. てきました　　　C. ていきます　　　D. ていきました
9. A. また　　　　　　B. ただ　　　　　　C. それでは　　　　D. それでも
10. A. にもとづいて　　B. にもとづいた　　C. をもとにした　　D. をもとにして

第二节（共 10 小题；每小题 1.5 分，满分 15 分）

　　阅读下面短文，在空白处填入适当的助词或括号内单词的正确形式，括号内单词有下画线时，写出该单词的汉字或假名。

　　丁（ねい）＿＿11＿＿に説明しよう、正確に説明しようという意識が強い人の中には時系列（时间数列）に＿＿12＿＿（拘）りすぎて、最初から順を追って詳しく説明している人がいます。しかし、こういった説明は多くの場合、ダメ＿＿13＿＿説明になってしまうことが多いものです。

　　私も会議＿＿14＿＿打ち合わせなどで、説明者が「そもそも」とか「事の発端は」などと言い始めた時は、「結論の方から逆に話してよ」と思ってしまいます。「そもそも」から始まる説明だ＿＿15＿＿、この話がこれからどこに向かうのかが見えて＿＿16＿＿（くる）ないという不安のまま、以後の説明を聞かなければなりません。

　　当然、結論に至るまで相当の時間がかかるので、これでは＿＿17＿＿（簡潔）説明したとはいえないでしょう。歴史の授業がつまらない理由の一つに、いつも時代の古い方から順番に＿＿18＿＿（進める）いくという点があると思います。

　　むしろ、なぜ今の社会がこうなっているのかといった結論から逆回しして、この前にこういうことがあったから、そしてその前にはこういうことがあったからと説明するほうが＿＿19＿＿（分かる）やすいし、興味を持って聞けるということもあります。時系列に拘るの＿＿20＿＿（である）、逆回しで説明して行くというのも、相手が理解しやすい一つの手法だと思います。

# 第四十五回

第一节（共 10 小题；每小题 1.5 分，满分 15 分）

　　阅读下面短文，从每题所给的 A、B、C、D 四个选项中选出最佳选项。

　　「今日はご飯を食べたくない。」

　　子供食堂でボランティア活動の際に小学生の女の子＿＿1＿＿言葉です。大学では栄養学を学んでいるため、食事の大切さ＿＿2＿＿日々考えている中で、正直わたしは大変驚きました。でも、きっとこの子には事情があるのだと考え、お話を聞く＿＿3＿＿。

　　2人になって時間も経つと、女の子は学校や家庭で困っていて、食事＿＿4＿＿も出来ないと私に教えてくれたのです。私は彼女が苦しんでいることに気づくことが出来なかった悔しさと、正直に話してくれた嬉しさで複雑な気持ちになりました。しかし、彼女に＿＿5＿＿ことが見つかりませんでした。

　　しばらくお話しをしていくうちに、彼女には周りの人の＿＿6＿＿に触れることが必要だと思い、スタッフさんが握ってくれたおにぎりを一緒に食べることにしました。最初は浮かない顔＿＿7＿＿食べていましたが、最後の一口はみんなありがとうと言って大きな口と笑顔で幸せそうでした。その後は見違えるほど活発になり、下級生の子供にも優しく＿＿8＿＿姿を良く見るようになりました。私は食の力は素晴らしいと改めて実感することが出来ました。

　　この経験から将来、子供食堂を開き、子供の心に寄り添った活動をしたいと強く考えるようになりました。そして「食」で未来の子供たちを笑顔＿＿9＿＿ために栄養教諭も取得します。食べ物の大切さを通じ、より良い日々を＿＿10＿＿ようにこれからも活動を続けていきます。

1. A. に言われた　　　B. が言われた　　　C. と言われた　　　D. を言われた
2. A. において　　　　B. における　　　　C. について　　　　D. につける
3. A. ことになりました　　　　　　　　　B. ことになります
　　C. ことにします　　　　　　　　　　　D. ことにしました
4. A. すら　　　　　　B. でも　　　　　　C. まで　　　　　　D. だけ
5. A. してやられる　　B. してあげられる　C. してもらえる　　D. してくださる
6. A. 優しさ　　　　　B. 熱さ　　　　　　C. 冷たさ　　　　　D. 温かさ
7. A. が　　　　　　　B. で　　　　　　　C. も　　　　　　　D. に
8. A. 声を出す　　　　B. 声を上げる　　　C. 声を掛ける　　　D. 声を立てる
9. A. にする　　　　　B. になる　　　　　C. とする　　　　　D. となる
10. A. 過ごされる　　　B. 過ごせる　　　　C. 過ごせれる　　　D. 過ごさせる

**第二节（共 10 小题；每小题 1.5 分，满分 15 分）**

　　阅读下面短文，在空白处填入适当的助词或括号内单词的正确形式，括号内单词有下画线时，写出该单词的汉字或假名。

私が小さいころ＿＿11＿＿将来の夢はエンジニアになることで、それを原動力に高専へ進学し、ロボコンに＿＿12＿＿（打ち込む）つつ、芽が出始めたばかりのインターネットにのめり込み、寝る間も＿＿13＿＿（惜しむ）パソコンと向かいあった。そんな高専生が18歳で学生起業したのは、自分が運営していたサーバと戯れ続けることを、人生において＿＿14＿＿（持続）可能にするための生存戦略であった。いわば起業は手段である。

　　さて、いま世の中ではIT人材が＿＿15＿＿（足りる）ないらしく、どこへ行っても優秀な人材をどう育てるのか、どうやって採用するのかといった会話が＿＿16＿＿（聞く）。これに対して感じるのが、いかにも＿＿17＿＿（やとう）側だけの理論で話されているなということであり、雇われる側、すなわちIT人材の内発的動機が無視されているなということである。

　　本来、コンピュータが好きな人がIT企業＿＿18＿＿就職したら、毎日がやりたいことで満たされていて、やりがいしかないはずである。

　　しかし、経営者や事業開発をする人たちの多くはIT人材を自社プロダクトの実現手段としてしか見ておらず、次第にやりがいはなくなりコンピューターが＿＿19＿＿（嫌い）なっていく。よく経営者からエンジニアリング組織づくりに悩んでいる＿＿20＿＿聞くが、最初に必ず聞くのが「IT人材をプロダクトづくりの手段としてだけで見ていないか？」というもので、そもそも一緒にプロダクトを作るクリエータ仲間として見てはどうだろうかというアドバイスをする。

# 第四十六回

## 第一节（共 10 小题；每小题 1.5 分，满分 15 分）

　　阅读下面短文，从每题所给的 A、B、C、D 四个选项中选出最佳选项。

　　最近物忘れが激しい。何度も会ったことのある人＿＿1＿＿名前が出てこなかったりする。久しぶりにイベントに出かけたら、菊川さんと＿＿2＿＿話しかけられた。何となく会ったことがあるような気もするけど、いつどこで会った誰なのか＿＿3＿＿思い出せない。非常に申し訳なく感じる。早くARグラスが発売されてその人の名前や履歴が表示されるようになっ＿＿4＿＿。

　　近頃はオンラインでしか会ったことのない相手と仕事をすることも多い。この間とある

プロジェクトの仲間と初めてオフラインで会って、画面上の顔と喋り方で勝手に小柄な人と思い込んでいたのだが、会ってみると___5___高身長で驚いた。オンライン会議が一般化する中でバーチャル背景（虚拟背景）を使うことは当たり前になった。___6___、アバター（网络虚拟形象）に変身したりフィルタで顔を変化させることに関しては現時点では日本の会議の場には適さないということになっている___7___。画像処理という観点では___8___同じ技術でも、人間社会に与える効果は全然違うのが興味深い。

2021年11月の現在ではバーチャルの話題でもちきりだ。今後はどうやらバーチャル上で遊んだり仕事をすることになっていく___9___。バーチャル上で仕事の会議をするとき、アバターは自分に似せてい___10___のだろうか？動物とかの姿で出席すると失礼に当たるだろうか？そんなことばかり考えている。

1. A. まで　　　　　B. さえ　　　　　C. ても　　　　　D. でも

2. A. 親しくに　　　B. 親しげに　　　C. 親しさに　　　D. 親しきに

3. A. とても　　　　B. けっして　　　C. まったく　　　D. たまに

4. A. ていたい　　　B. てきたい　　　C. ていきたい　　　D. てほしい

5. A. 思いのほか　　B. 思い出す　　　C. 思い切る　　　D. 思い込む

6. A. 一方　　　　　B. その一方で　　C. この一方で　　D. 一方で

7. A. 気がする　　　B. 気にする　　　C. 気になる　　　D. ようがする

8. A. どうも　　　　B. ぜんぶ　　　　C. ぜんぜん　　　D. ほぼ

9. A. みたいだ　　　B. ようだ　　　　C. そうだ　　　　D. らしいだ

10. A. なければいけない　　　　　　　B. ないではいけない

　　C. ないといけない　　　　　　　D. なくてはいけない

## 第二节（共10小题；每小题1.5分，满分15分）

阅读下面短文，在空白处填入适当的助词或括号内单词的正确形式，括号内单词有下画线时，写出该单词的汉字或假名。

私の暮らす黒木町には古くからの伝統文化として、人形浄瑠璃がある。毎年一月の成人式で、この浄瑠璃が___11___（演じる）。参加される新成人の人達の服装や態度は様々であるが、演技が始まると会場全体が___12___（一気）静まる。時代は変わっても___13___（多

い）の人達がこの浄瑠璃を愛していると感じる瞬間である。

　この浄瑠璃を演じるのは全て小学生である。私もその舞台に上がってきた。これを担当しているのは、人形遣いと語りである。人形一体につき約三人の人形遣いが呼吸＿＿＿14＿＿＿合わせて動作や表情を作る。

　練習では、その年の出演者の希望や個性に合わせて役割をまず決める。観客が見るのは人形であるが、それを操る子どもは自分と人形が一つになる役割を受け持つことになる。私は人形浄瑠璃の一番の＿＿＿15＿＿＿（魅力）はその感情の表現にあると思う。泣きの場面では腹＿＿＿16＿＿＿力を入れ、大きな声で「くぅ、うぅぅぅ。」と声を絞り、人形を小刻みに＿＿＿17＿＿＿（震わせる）手で涙を拭っているように見せる。体や顔はやや下向きに傾け、全身を使って＿＿＿18＿＿＿（悲しい）を表現する。その繰り返しの中で、徐々に観客の感動を誘う浄瑠璃ができるようになる。

　六年生は公演を終える＿＿＿19＿＿＿受け継ぎ式に臨む。古くからの伝統を受け継ぐというのは子どもにとって大きなプレッシャーでもある。これまで上演されてきた人形浄瑠璃を後世に伝えるというのはもちろんあるが、こめられた人々の生活の中での＿＿＿20＿＿＿（よろこび）や悲しみ、黒木の情景を語り継ぐことになる。

# 第四十七回

第一节（共 10 小题；每小题 1.5 分，满分 15 分）

　阅读下面短文，从每题所给的 A、B、C、D 四个选项中选出最佳选项。


　「24 時間はみんなに平等に与えられているもの。どうか、＿＿＿1＿＿＿夢を持って一日一日を大切に過ごして欲しい……」。東京国際女子マラソンで見事に復活優勝した高橋尚子選手の優勝インタビューでの言葉に、不思議な説得力が＿＿＿2＿＿＿。

　インタビューの前段では、こう言った。「陸上をやめようかとも思ったこともありました。でも、一度夢を＿＿＿3＿＿＿私が結果を出すことで、今、暗闇にいる人や苦労している人に、『夢を＿＿＿4＿＿＿、また必ず光が見えるんだ』ということを伝えたい、私はそのメッセンジャー（使者）になるんだと、走りながら自分に＿＿＿5＿＿＿」

　現実の世界は厳しい。夢を口にすれば、きれいごとに＿＿＿6＿＿＿。しかし、身をもって力を尽くし、闇の中に光を見た人の口から外に＿＿＿7＿＿＿と、夢という言葉に現実的な強い力が宿

るように思われた。

　　大きな、アテネ五輪（雅典奥运会）という目標を失った後に独立し、新しい支援チームと手探りで＿＿8＿＿。今回の大会の間際には、足に肉離れを起こした。レースで将来に響くような事故があれば、本人もチームも批判されていただろう。

　　長い、起伏のある過酷な道を行くマラソンは、レースそのものが人生行路を＿＿9＿＿。大きな一かたまりで競技場を出た選手たちが、やがて小集団に分かれる。それもばらけて直線になり、ついには一人一人が点と点になって戻ってくる。

　　高橋選手は「チームの絆が私を＿＿10＿＿」とも述べた。夢を持てば闇の先に光が差すという、一つの願いが通じた。

1. A. どうでも　　　　B. なんでも　　　　C. どれでも　　　　D. なにでも

2. A. 感じられた　　　B. 感じさせられた　C. 感じされた　　　D. 感じさせた

3. A. 諦め続けた　　　B. 諦め終わった　　C. 諦め始めた　　　D. 諦めかけた

4. A. 持てたら　　　　B. 持つと　　　　　C. 持てば　　　　　D. 持つなら

5. A. 言い聞かせてありました　　　　　B. 言い聞かせていました
　　C. 言い聞かせてみました　　　　　D. 言い聞かせてしまいました

6. A. 見える　　　　　B. 見られる　　　　C. 聞こえる　　　　D. 聞かれる

7. A. 流し出す　　　　B. 流し出る　　　　C. 流れ出す　　　　D. 流れ出る

8. A. 道を辿っていった　　　　　　　　B. 道を辿ってきた
　　C. 道を探していった　　　　　　　　D. 道を探してきた

9. A. 思わせる　　　　B. 思わられる　　　C. 思わさせる　　　D. 思われる

10. A. 勝たせてやりました　　　　　　　B. 勝たせてあげました
　　 C. 勝たせてもらいました　　　　　　D. 勝たせてくれました

**第二节（共 10 小题；每小题 1.5 分，满分 15 分）**

　　阅读下面短文，在空白处填入适当的助词或括号内单词的正确形式，括号内单词有下画线时，写出该单词的汉字或假名。

　　今から 20 年前、東京都内のある大学の教授が、授業の出席率の＿＿11＿＿（悪い）に業を煮やして、こんな試験問題を出した。問題用紙には教授を含む数人の顔写真が刷られ、「私

はどれでしょう」。

　翌年、学生の間に出回ったノートのコピーに教授の写真が添えられていたのは、言うまでもない。授業　　12　　出ない学生にも言い分があった。毎年、すこしも変わらぬ単調な授業だったのだ。かつては自分の好きなテーマだけを延々と講義して、学生の興味や関心を顧みない大学教員が　　13　　（多い）。

　昨今は、どうも風潮が変わったようだ。某国立大が教員に　　14　　（配る）いる授業のやり方ハンドブックを見ると、次のように書いてある。ユーモアを交えて学生の興味をかきたてる。1回ごとの講義を読みきりでまとまったものにする。ビデオなどの映像に　　15　　（訴える）。

　毎回の授業の概要をプリントして配る　　16　　は常識だという。授業内容も、様変わりだ。政治学　　17　　例にとると、かつてはルソーの「社会契約論」などの古典を読んだり、欧州議会史などをこまごまと講義したりしていたが、今は郵政民営化などの現在の問題を使ったり、現職の日本の政治家を研究する授業もある。

　ところがおもしろいもので、学生の間ではこんな意見も聞いた。「現代は情報があふれて、どれを読み、何を信じるべきか迷う時代。授業が現代の素材を　　18　　（あつかう）とその延長のような気　　19　　してしまう。むしろ古典を読みたい。」

　いつの時代も、学生の不満の種は　　20　　（尽きる）ないと言うべきか、何事も配合とバランスが難しいというべきなのか。考えさせられる。

# 第四十八回

第一节（共 10 小题；每小题 1.5 分，满分 15 分）
　阅读下面短文，从每题所给的 A、B、C、D 四个选项中选出最佳选项。

　皆さんは、胃袋いっぱいに食べ物があると満腹感を感じる　　1　　と思っていませんか？
　　2　　、胃袋に食べ物がいっぱい詰まっているだけではなく、脳からサインが出ているそうです。

　食事をする　　3　　、ブドウ糖が血液に吸収され、血糖値が上昇します。そこで、大脳は胃が大きくなっていることや、血糖値の上昇を感知し、脳が満腹状態のサインを出します。これが　　4　　満腹感を得る状態です。

「甘いものは別腹（吃饱后还能吃自己喜欢的东西）」とはよく言ったものです。別腹で食べるもの___5___のが、食後のデザートですね。ついさっきまで満腹（まんぷく）で何も食べられないと思っていたのに、甘いものを見ると平気で___6___ます。

そう、別腹は本当に存在するのです！満腹の状態でも、好物の食べ物を見ることにより、胃や消化管の運動が活発___7___。その結果、先に食べた物を小腸に押し込んでしまう___8___。その分、胃にはスペースが出来ます。

これがいわゆる別腹なのです。

「別腹＝甘いもの」のイメージが強いですが、___9___そういうことだけではないそうです。これは、食後にデザートを食べることからできたイメージで、自分の大好物であれば、甘いものでなくても脳が刺激されて別腹が出現します。

別腹は誰にでも存在するものなんですね。肉が好きな方は肉でも別腹が出現しますし、魚が好きな方は魚でも別腹が出現してしまい___10___……。

1. A. ものだ B. ことだ C. ようだ D. そうだ
2. A. また B. ただ C. それに D. それで
3. A. ことによる B. ことによると C. ことにより D. ことによれば
4. A. ないしは B. あるいは C. すなわち D. いわゆる
5. A. として代表される B. として代表できる
   C. とする代表される D. とする代表できる
6. A. 平らげてくる B. 平らげてあり C. 平らげてしまい D. 平らげておき
7. A. にします B. になりました C. となりました D. となります
8. A. ことにします B. ことになります C. ようになります D. ようにします
9. A. まったく B. あまり C. 決して D. ぜんぜん
10. A. みたいです B. そうです C. ようです D. らしいです

**第二节（共 10 小题；每小题 1.5 分，满分 15 分）**

　　阅读下面短文，在空白处填入适当的助词或括号内单词的正确形式，括号内单词有下画线时，写出该单词的汉字或假名。

　　顔色を___11___（伺う）という表現があります。これは顔の表情からその人が今どんな気分で何を感じ、何を考えているかを探るという意味です。そこから転じて、他人の気持

を伺いながら、その意___12___沿うように行動することも顔色を伺うと言います。

　私たちは人の表情についてはよく見ているものです。しかし、自分の表情はどうでしょうか？自分が今どんな表情をしているのか、常に把握している、という人は少ないはずです。___13___（ごく）たまに今顔が赤くなっていると気づくこともあるでしょう。自分の顔が___14___（見える）ないのに、赤いとはどういうことかというと、だいたいは顔がほてってきたという感じです。

　そういうときは大抵の場合、赤くなっている___15___経験的に知っているから、赤くなったと言うのです。これまでは今、自分がどんな表情をしているかということをまったく意識してくると___16___（する）も問題ありません。むしろそれは普通のことだからです。しかし、これからは自分の表情を___17___（把握する）ようになってみてはいかがでしょうか？

　歌のうまい人は自分の声をよく聞いていると言われています。これは自分の発している音声をしっかり聞くことで微調整して、いい声___18___正しい音程などを維持しているのです。表情のコントロールも同じです。自分の表情を意識すること___19___表情を微調整することができるようになります。表情をコントロールできるようになると、コミュニケーションが___20___（円滑）進むようになります。

# 第四十九回

第一节（共 10 小题；每小题 1.5 分，满分 15 分）

　　阅读下面短文，从每题所给的 A、B、C、D 四个选项中选出最佳选项。

　緑に紫、黄色とカラフルなランドセルが百貨店の売り場に並んでいた。来春の入学準備がもう始まっているのだとか。赤いランドセルを眺めていたら、店員に「お嬢さんですか」___1___。

　何年も昔の、我が子のランドセル選びを___2___。入学前の兄についてきた幼い次男は真っ赤なランドセルを背負い、これにしたいとご満悦。___3___「女の子がよく選ぶ色かもよ」と言ってしまったのだ。後悔が残る。

　「男の子／女の子だからと思うことがあるか」。小学 5、6 年生を対象にこんな質問を___4___、4 割が「そう思う」と答えたと、東京都が先月公表した。この子どもたちは、親

や教師から「男の子／女の子なんだから」と言われた経験を持つ割合が＿＿5＿＿そうだ。

　　固定観念は時に現実を蝕む。「女性は数字＿＿6＿＿弱い」という偏見を意識しながら数学試験に臨んだ女性は、点数が低くなるという実験結果がある。能力の発揮を妨げる「ステレオタイプ脅威」（刻板印象威胁）＿＿7＿＿現象だ。

　　性別だけでなく、人種や年齢など＿＿8＿＿同様の結果が出るという。提唱した社会心理学者クロード・スティール氏は著書『ステレオタイプの科学』で、この脅威が「あらゆる人に＿＿9＿＿の影響を与えている」と述べた。「かばんの色」というささいに思える出来事も、地続きなのだろう。

　　次男は翌年、灰色のランドセルを選んだ。何げない大人の一言が、もしかしたら子どもの道を狭めていないか。＿＿10＿＿ことを思い返してしまう季節である。

1. A. と話してくださった　　　　　　　B. と話しかけられた
   C. と話してあげられた　　　　　　　D. と話してもらえた
2. A. 思い尽きた　　B. 思い切った　　C. 思い出した　　D. 思い出た
3. A. つい　　　　　B. ときに　　　　C. たまに　　　　D. ついに
4. A. したところに　B. したところが　C. したところ　　D. したところで
5. A. 高くない　　　B. 高かった　　　C. 高い　　　　　D. 高くなかった
6. A. へ　　　　　　B. で　　　　　　C. が　　　　　　D. に
7. A. と呼ばれる　　B. と言われる　　C. と思われる　　D. と考えられる
8. A. とも　　　　　B. でも　　　　　C. ても　　　　　D. にも
9. A. なんでも　　　B. なにしろ　　　C. なにらか　　　D. なんらか
10. A. この　　　　 B. その　　　　　C. そんな　　　　D. こんな

**第二节（共 10 小题；每小题 1.5 分，满分 15 分）**

　　阅读下面短文，在空白处填入适当的助词或括号内单词的正确形式，括号内单词有下画线时，写出该单词的汉字或假名。

　　あなたの周りに「暇だからお茶しようよ」「暇だから今度一緒に美味しいものを食べに＿＿11＿＿（行く）よ。」「私、本当にいつも暇だから連絡してよ」などと誘ってくる人はいませんか。言っている本人からすれば、それほど深い意味はないのかもしれませんが、

誘っている最大の理由が「暇だから」というのは、誘われた側＿＿＿12＿＿＿（とする）は気持ちのいいものではありません。

そもそも暇という言葉は、「暇すぎて、家中をピカピカに掃除した」などと、自分＿＿＿13＿＿＿対して使うならまだしも、相手を誘う時に使うのは失礼です。「私は暇だから」という言葉には、「あなたが時間を＿＿＿14＿＿＿（好き）決めていいからね」と、自分よりも忙しい相手に予定を委ね、自分には気を使わなくていいからという思いが＿＿＿15＿＿＿（込）められているのかもしれません。

しかし、一方では自分が持て余している暇な時間＿＿＿16＿＿＿、相手を使って潰したい、相手にも暇な時間があるはずだという＿＿＿17＿＿＿（勝手）思い込みも感じられます。暇な時が誘い時だと思って声をかけられているとしたら、最初から＿＿＿18＿＿＿（えんりょ）したいと私は考えています。

相手を誘いたい時は堂々＿＿＿19＿＿＿「〇〇さんとじっくりお話がしたいのでぜひ来月辺りランチをご一緒させてもらえませんか？」と言った方が誘われた側も嬉しいはずです。「暇だったら私と〜」という誘い方はもちろんのこと、暇という言葉自体、口に＿＿＿20＿＿＿（出す）ないようにするだけで、発する言葉に品が生まれてくるように感じます。

# 第五十回

第一节（共 10 小题；每小题 1.5 分，满分 15 分）

　　阅读下面短文，从每题所给的 A、B、C、D 四个选项中选出最佳选项。


皆さんも、電話をする際には当たり前のように「もしもし」という言葉を使います＿＿＿1＿＿＿。この言葉の由来は、今は一般的ではないですが、「電話交換手」という職業からきています。現在では、相手の電話番号を入力する＿＿＿2＿＿＿直接電話がつながるようになっています。しかし、昔は一度「電話交換手」に電話をつないでから経由しないと、目的の相手に電話をかける＿＿＿3＿＿＿時代がありました。そして、電話交換手が電話対応を行う際の「申し上げます、申し上げます」という言葉遣いが語源となって、現代＿＿＿4＿＿＿「もしもし」が誕生しました。

ビジネスシーンで電話応対をするときに「もしもし」という言葉を使うのはマナー違反だという意見があります。その根拠＿＿＿5＿＿＿のは、「申し上げます、申し上げます」が敬意

を払った言い方ならば、「もしもし」は略語だからという___6___です。大多数の人は「もしもし」と言われても何も___7___と思いますが、一部の人はそういった経緯を知っていて失礼だと感じる人もいるかもしれません。

　　それでは、「もしもし」が___8___、何をしゃべればいいのか、困ってしまう人も多いのではないでしょうか。そういう時に汎用性が高い言葉は「お世話になっ___9___ます」です。これは___10___挨拶のようなもので、ビジネスシーンでは様々なシーンで使われている言葉です。

1. A. か　　　　　　　B. ね　　　　　　　C. よ　　　　　　　D. よね
2. A. だけなら　　　　B. だけで　　　　　C. だけど　　　　　D. だけれど
3. A. ことがない　　　B. ことがある　　　C. ことができない　D. ことができる
4. A. にいたる　　　　B. にかける　　　　C. における　　　　D. につける
5. A. とおもっている　B. になっている　　C. となっている　　D. といっている
6. A. わけ　　　　　　B. はず　　　　　　C. もの　　　　　　D. こと
7. A. 気がない　　　　B. 気にならない　　C. 気にしない　　　D. 気がしない
8. A. 使えないとなるなら　　　　　　　　B. 使えないとなれば
   C. 使えないとなったら　　　　　　　　D. 使えないとなると
9. A. ておっしゃい　　B. ており　　　　　C. ていらっしゃい　D. ておいでになり
10. A. やがて　　　　　B. もちろん　　　　C. もっとも　　　　D. もはや

**第二节（共 10 小题；每小题 1.5 分，满分 15 分）**

　　阅读下面短文，在空白处填入适当的助词或括号内单词的正确形式，括号内单词有下画线时，写出该单词的汉字或假名。

　　他人とコミュニケーションをとる時に、___11___（ごい力）や説明力、話し方などが重視されますが、その中でも表情は非常に___12___（大切）ものの一つであると言えます。顔の表情だけでも、その人がどのようなことを考えていて、どのような気持ちなのかがわかりやすいからです。

　　日本では、感情のことを「喜怒哀楽」と___13___（一口）言いますが、評定研究の第一人者である、心理学者のポール・エッグマンは、人類に普遍的な表情として、喜び、怒り、

____14____（嫌悪）、恐れ、悲しみ、驚きなどを挙げています。さらに、下位の部類や、その他に分類されているものもありますが、ここ____15____代表的な六つの感情を顔で表す練習をしてみましょう。

やり方は簡単です。1日に1回、六つの感情の一つ一つを____16____（感じ取る）ながらそれを顔で表現してみて、スマホなどで自撮りします。自分の感情は自分の顔にどのように表れているのかを確認するのです。感情を顔に____17____（表す）まま、自分表情筋の感覚を味わいます。表情筋の緊張や弛緩の具合を____18____（味わう）ください。普段その感覚があるときには目の前の鏡に____19____（映る）その顔しているのです。

表情筋の緊張・弛緩の感覚と、表情との関係を顔と頭____20____刷り込んでいきましょう。表情筋の緊張、弛緩の感覚だけで、どんな顔しているのかが大体想像できるようになるはずです。

# 参 考 答 案

## 第一回

1-5：CABDA　　　　6-10：CBDAD

11. なっ　　12. で　　　13. きた　　14. した　　　15. かわ

16. され　　17. と　　　18.　　　　19. 行かない　20. 詰め込んだ

## 第二回

1-5：ABDCB　　　　6-10：ACBDB

11. おどろ　　12. と　　　13. 簡単で　　14. 強い　　15. に

16. 幼稚園　　17. 知っている　18. 取れる　　19. を　　　20. 復活させる

## 第三回

1-5：BBACD　　　　6-10：BABCA

11. 流暢な　　12. 学習させた　13. に　　　14. 正しく　　15. どうぐ

16. を　　　17. 許され　　18. 協調　　19. 規制できる　20. と

## 第四回

1-5：CABAD　　　　6-10：CDABC

11. お　　　12. と　　　13. 介護　　14. で　　　15. できる

16. 激しく　　17. と　　　18. やらせる　19. 抑えよう　20. 楽だ

## 第五回

1-5：DCBDA　　　　6-10：CBCDA

11. 新たな　　12. と　　　13. かくじ　　14. の　　　15. くつろい

16. に　　　17. 結ばれ　　18. 広く　　19. 入手　　20. 流し

## 第六回

1-5：ABCDD　　　　6-10：CBAAB

11. を　　12. に　　13. 得られ　　14. 不足だ　　15. で

16. 安定した　　17. 景気　　18. 良かった　　19. の　　20. がい

## 第七回

1-5：DCBAA　　　　6-10：BCDDC

11. を　　12. 受け入れられ　　　　13. 嫌な　　14. ひ　15. に

16. 行為　　17. 遠慮し　　18. 正しく　　19. に　　20. 味わっ

## 第八回

1-5：BBACD　　　　6-10：BABCA

11. の　　12. で　　13. 満たされ　　14. に　　15. そそ

16. 多かった　　17. 聞かせ　　18. 楽しん　　19. 発達　　20. 大事な

## 第九回

1-5：CDBAB　　　　6-10：DABDC

11. 驚　　12. 近く　　13. の　　14. ぜいたく　　15. 踊る

16. 隠し　　17. で　　18. 返そう　　19. きれいな　　20. も

## 第十回

1-5：DCBAA　　　　6-10：BCDAB

11. を　　12. 嬉し　　13. 覚えた　　14. 鮮やかな　　15. 固く

16. 尋　　17. に　　18. が　　19. 食べられ　　20. たから

## 第十一回

1-5：ABCDD　　　　6-10：CBAAB

11. 涙　　12. ひら　　13. 温かな　　14. に　　15. も

16. され　　17. 引き出す　　18. を　　19. 放送される　　20. 長く

## 第十二回

1-5： DCBAA　　　　6-10： BCDDC

| 11. 知ら | 12. 大変に | 13. が | 14. まね | 15. と |
|---|---|---|---|---|
| 16. できる | 17. と | 18. 怖く | 19. 褒められ | 20. 姿勢 |

## 第十三回

1-5： BACDD　　　　6-10： ACBBD

| 11. の | 12. 重要な | 13. を | 14. 観察し | 15. 情報 |
|---|---|---|---|---|
| 16. 話し | 17. 集中し | 18. 気分よく | 19. と | 20. あゆ |

## 第十四回

1-5： CBCDA　　　　6-10： ACDBA

| 11. が | 12. 困難な | 13. を | 14. 状態 | 15. 面白く |
|---|---|---|---|---|
| 16. つた | 17. の | 18. 移ろう | 19. 意識し | 20. 合え |

## 第十五回

1-5：ABCDD　　　　6-10：CBABC

| 11. で | 12. 分けたい | 13. よく | 14. に | 15. びょうどう |
|---|---|---|---|---|
| 16. 切れ | 17. 勝った | 18. うまく | 19. 言え | 20. 条件 |

## 第十六回

1-5：DBCAD　　　　6-10：ABCDB

| 11. で | 12. 思い出し | 13. と | 14. かこ | 15. 自由な |
|---|---|---|---|---|
| 16. 消費 | 17. 送ろう | 18. に | 19. 壊れれ | 20. なけれ |

## 第十七回

1-5：ABCDD　　　　6-10：CBACC

| 11. に | 12. が | 13. 歴史 | 14. と | 15. 強調し |
|---|---|---|---|---|
| 16. 考えれ | 17. 親しさ | 18. 示そう | 19. 大事に | 20. しょうらい |

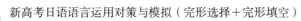

## 第十八回

1-5：CBBDA　　　　6-10：CABBB

| 11. に | 12. 気付け | 13. かけ | 14. せっきょく | 15. 記憶 |
| 16. と | 17. よく | 18. 控え | 19. に | 20. 優し |

## 第十九回

1-5：BCADA　　　　6-10：BCBDC

| 11. 弁当 | 12. に | 13. 楽しい | 14. の | 15. と |
| 16. 全国的に | 17. おお | 18. 売られ | 19. なり | 20. 教え |

## 第二十回

1-5：BACBD　　　　6-10：ABDCA

| 11. 伝わっ | 12. を | 13. 大切な | 14. 添えられた | 15. を |
| 16. あらわ | 17. 贈り | 18. 古く | 19. が | 20. 褒美 |

## 第二十一回

1-5：ABCDD　　　　6-10：CBABC

| 11. 新しい | 12. に | 13. 欠 | 14. や | 15. 印刷され |
| 16. の | 17. ひづけ | 18. 書き込ん | 19. 使い | 20. 新たに |

## 第二十二回

1-5：ABBDB　　　　6-10：CCDAC

| 11. と | 12. 非常に | 13. を | 14. 食べた | 15. 懐かし |
| 16. 異 | 17. で | 18. 受け入れられる | 19. かなら | 20. 置く |

## 第二十三回

1-5：BBADA　　　　6-10：CBADC

| 11. が | 12. の | 13. 迷わ | 14. へ | 15. 思い |
| 16. 早く | 17. 真剣に | 18. ふく | 19. 満たし | 20. 頑張 |

## 第二十四回

1-5：CBAAC　　　　6-10：DBACD

11. 走らせ　12. 思い　13. か　14. に　15. 選択

16. で　17. も　18. ささやかに　19. 支え　20. 無く

## 第二十五回

1-5：BBACC　　　　6-10：DAACD

11. に　12. 呟　13. で　14. 帰っ　15. 堪ら

16. 転ん　17. 嬉しく　18. に　19. 自然に　20. やぶ

## 第二十六回

1-5：BDCBA　　　　6-10：CADCA

11. らしさ　12. に　13. 建て　14. ない　15. ほど

16. 華やかな　17. じょうひん　18. 織　19. 使用して　20. で

## 第二十七回

1-5：CBDBA　　　　6-10：BCADC

11. 育った　12. の　13. 膝　14. 話しかけ　15. で

16. 乗れる　17. じっか　18. も　19. なった　20. 引っ張って

## 第二十八回

1-5：ACBBA　　　　6-10：DBCBB

11. を　12. 生まれた　13. なれる　14. あこが　15. 驚いて

16. から　17. 動き　18. 懸命　10. 嬉しかった　20. を

## 第二十九回

1-5：CADCB　　　　6-10：ABDAC

11. 大きく　12. 苦手な　13. を　14. なければ　15. 遠慮

16. に　17. 感じ　18. 嫌いな　19. なら　20. よく

## 第三十回

1-5：DCBAD　　　　　6-10：CDACB

11. 伝わった　12. めずら　13. 限ら　14. とされ　15. 大衆

16. で　17. 選ん　18. といった　19. 始まり　20. 戻っ


## 第三十一回

1-5：CBCAD　　　　　6-10：DBCBD

11. から　12. 注いで　13. 濃　14. おいし　15. だけ

16. 帰って　17. に　18. こおり　19. で　20. 眠く


## 第三十二回

1-5：CADBC　　　　　6-10：ABDAB

11. きょう　12. で　13. に　14. 食べたく　15. 作っ

16. か　17. 美味しかった　18. 褒　19. 引っ越して　20. できれ


## 第三十三回

1-5：BDCBA　　　　　6-10：CADBA

11. 欠航すれ　12. に　13. 得ない　14. を　15. 棄

16. ほど　17. 粗末さ　18. 近く　19. ふちょう　20. し


## 第三十四回

1-5：CBADC　　　　　6-10：ADCBB

11. に　12. まくら　13. 柔らかさ　14. 硬　15. 驚

16. の　17. で　18. よく　19. と　20. しよう


## 第三十五回

1-5：ADBCA　　　　　6-10：BCADA

11. 関わら　12. 繋　13. ととの　14. 始動させる　15. 不思議な

16. で　17. 噛んで　18. を　19. 辛く　20. と

## 第三十六回

1-5：DCBAC　　　　6-10：BDCAB

| 11. あかし | 12. 並んで | 13. 崩壊 | 14. 呼ば | 15. とすれ |
|---|---|---|---|---|
| 16. と | 17. で | 18. 使い | 19. 報道される | 20. 脆弱さ |

## 第三十七回

1-5：BACDA　　　　6-10：CBDAB

| 11. 痩せて | 12. 軽く | 13. わりあい | 14. 栄養 | 15. と |
|---|---|---|---|---|
| 16. で | 17. よさ | 18. 囲ま | 19. 伴って | 20. に |

## 第三十八回

1-5：DCBAC　　　　6-10：ABCDB

| 11. あらそ | 12. 勢 | 13. へ | 14. 問われる | 15. で |
|---|---|---|---|---|
| 16. 長く | 17. いなかった | 18. 学んだ | 19. しなやかな | 20. 悩み |

## 第三十九回

1-5：CBDBC　　　　6-10：DABCD

| 11. 素敵な | 12. よっ | 13. 戸惑 | 14. か | 15. を |
|---|---|---|---|---|
| 16. 多く | 17. ほど | 18. 疲れた | 19. ください | 20. ここち |

## 第四十回

1-5：ADBBC　　　　6-10：CDCAB

| 11. なければ | 12. ない | 13. よく | 14. めんどう | 15. に |
|---|---|---|---|---|
| 16. 出そう | 17. 動き出した | 18. 踏み出させる | 10. を | 20. 夢 |

## 第四十一回

1-5：CADBA　　　　6-10：DBABC

| 11. 言われる | 12. と | 13. おこな | 14. したがって | 15. で |
|---|---|---|---|---|
| 16. を | 17. 準 | 18. よさ | 19. である | 20. 取り入れて |

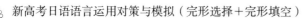

## 第四十二回

1-5：BACDA  6-10：DCBAC

| 11. で | 12. ふと | 13. の | 14. 濃 | 15. 固さ |
|---|---|---|---|---|
| 16. に | 17. や | 18. いろいろな | 19. と | 20. 入った |

## 第四十三回

1-5：DCADB  6-10：CDACB

| 11. に | 12. が | 13. 悩んだ | 14. 応 | 15. を |
|---|---|---|---|---|
| 16. もらえる | 17. 健やかに | 18. さいわ | 19. 厚かましく | 20. 言い |

## 第四十四回

1-5：CDBAD  6-10：ACDBA

| 11. 寧 | 12. こだわ | 13. な | 14. や | 15. と |
|---|---|---|---|---|
| 16. こ | 17. 簡潔に | 18. 進めて | 19. 分かり | 20. であれば |

## 第四十五回

1-5：ACDAB  6-10：DBCAB

| 11. の | 12. 打ち込み | 13. 惜しんで | 14. じぞく | 15. 足り |
|---|---|---|---|---|
| 16. 聞かれる | 17. 雇 | 18. に | 19. 嫌いに | 20. と |

## 第四十六回

1-5：DBCDA  6-10：BADBC

| 11. 演じられる | 12. 一気に | 13. 多く | 14. を | 15. みりょく |
|---|---|---|---|---|
| 16. に | 17. 震わせて | 18. 悲しさ | 19. と | 20. 喜 |

## 第四十七回

1-5：BADCB  6-10：CDBAD

| 11. 悪さ | 12. に | 13. 多かった | 14. 配って | 15. うった |
|---|---|---|---|---|
| 16. の | 17. を | 18. 扱 | 19. が | 20. 尽き |

## 第四十八回

1-5：ABCDA　　　6-10：CDBCB

| | | | | |
|---|---|---|---|---|
| 11. うかが | 12. に | 13. 極 | 14. 見え | 15. と |
| 16. して | 17. 把握できる | 18. や | 19. で | 20. 円滑に |

## 第四十九回

1-5：BCACB　　　6-10：DABDC

| | | | | |
|---|---|---|---|---|
| 11. 行こう | 12. として | 13. に | 14. 好きに | 15. こ |
| 16. を | 17. 勝手な | 18. 遠慮 | 19. と | 20. 出さ |

## 第五十回

1-5：DBCAC　　　6-10：ACDBD

| | | | | |
|---|---|---|---|---|
| 11. 語彙 | 12. 大切な | 13. 一口に | 14. けんお | 15. で |
| 16. 感じ取り | 17. 表した | 18. 味わって | 19. 映った | 20. に |

扫码关注"上海交大日语",获取更多学习资源